伝統中国の法と秩序

——地域社会の視点から——

小川快之著

汲古書院

目次

凡例

一　引用史料は主に常用漢字を用いて表記した。

二　以下の史料については、本書では下記の略称を用いた。

『宋会要輯稿』　『宋会要』

『名公書判清明集』　『清明集』

『大元聖政国朝典章』　『元典章』

伝統中国の法と秩序

——地域社会の視点から——

序　言

明代の江西に関する史料を読んでいると、この地域で、「健訟」（訴訟好きの社会風潮・人々がよく法に訴える社会風潮）が見られることを指摘する記事をしばしば目にする（「好訟」「囂訟」などとも書かれるが、以下ではそれらをまとめて「健訟」と呼ぶことにする）[1]。例えば、『明憲宗実録』巻九一、成化七（一四七一）年五月戊子の条には以下のように書かれている。

> 都察院等衙門会議で江西按察使の牟俸が上奏した。江西の人民は「健訟」で、しばしば虚偽の訴状をでっちあげて訴訟を起こしています。洪武年間の榜文（『教民榜文』）とその前後に議奏された事例に従って措置されますようにお願い申し上げます[2]。

また、『明憲宗実録』巻五六、成化四（一四六八）年七月辛酉の条にもこのように書かれている。

> 巡按江西監察御史の趙敔が上申した。……見たところ、江西では「小民」の風俗が「健訟」です。官吏でも彼らの言いなりにならない者は、ともするとでっちあげの告発にあったりします[3]。

こうした記事は『明実録』以外の史料（明末の王世懋の『饒南九三府図説』や趙秉忠の『江西輿地図説』、『明書』巻四〇、方域志、江西省など）でも確認することができる。なかでも吉安府では特に「健訟」が強く認識されていた。例えば、『江西輿地図説』の吉安府の項には「「小人」が訴訟をこととしている」（小人務訟）とあり、『明書』巻四〇、方域志、江西省、吉安府の項には「「小人」は意気をたっとんで訴訟を盛んに起こし、気風はすこぶる悪い」（小人尚気多訟、頗為険健）とある。また、万暦『吉安府志』巻一一、風土志、永豊県の項と安福県の項にも「健訟」とあり、永新県の項には「訴訟沙汰が多く、盗賊は未だに衰えていない」（獄訟繁而盗未衰息）とある。

こうした「健訟」は、当時の地方政府にとって深刻な問題となっていたようである。『明憲宗実録』巻二八〇、成化二十二（一四八六）年七月壬戌の条にはこのように書かれている。

江西の吉安府に推官を一人増やして刑事を処理させる件は、知府の張鋭の請願に従ったものである。鋭は、江西では多くの「大家」がしばしば四方からやってきた人々を集めて、党をなして非道なことを行っていること、吉安府では「健訟」が最も激しく、犯人として捕らえられ監禁されるものが、つねに千人に至る状況になっていること、官員が少なく裁決できないので、（監禁された人々の）多くは痩せ細り死んでいることを理由として、推官を一人増やして、専門に訴訟対応をさせ、そのものには他の仕事はやらせないように請願した。法司はその内容を是とした。これは裁可された(4)。

このように吉安府では訴訟があまりにも多かったため、訴訟対策専門の官僚（推官）を増員する必要に迫られる事態にまでなっていた。

ところで、近世（江戸時代の）日本の地域社会では、基本的に自律的な地域団体である村の中で発生したさまざまな問題は、まず、その内部で解決することが求められており、村で起きた紛争は、村の代表者である庄屋（名主）主導の下、村民の合議を経て定められた独自の法である村掟・村定にそって処理されていた(5)。以上のような「健訟」に関する記事の内容と比べると、こうした近世日本における社会秩序のあり方と明代中国における社会秩序のあり方は大きく異なるものであったような印象を受ける。このようなことから考えると、「健訟」という社会風潮は、中国社会の伝統的性格を探求する上で、大きな手がかりを私たちに与えてくれる事象であると思われる。そこで、以下では、この「健訟」を糸口として、地域社会という視点から、伝統中国の社会秩序について考えてみたいと思う。

本書では、時代的には主に宋代から明代、地域的には主に明代に「健訟」が認識され、宋代に農業など産業が発達していた江西と、江西と同様に宋代に農業などが盛んになっていた浙西・浙東に焦点を当てて、社会秩序の具体像を考察する。このように限られた範囲の検討であるにもかかわらず、「伝統中国」という言葉を書名に用いた理由について、若干の説明をしておきたい。

「伝統中国」という言葉については、実は研究者の間でさまざまな議論がなされている(6)。時代的には、「旧中国」=「伝統中国」とする見方などもあるが(7)、おおむね所謂「唐宋変革」を経た北宋中期・南宋時代あたりから、清末の西洋列強による中国侵略(「ウエスタンインパクト」)が本格化するまでの社会のことを指しており、こうした「伝統中国」の社会は、宋元代に基礎が確立し、明清代に完成したと言われている(8)。筆者の印象では、同時代の他の国や地域との相似性を重視する研究者はこの言葉の使用を好まない傾向があり、逆に相違性(この時期の中国社会の独自性)を重視している研究者は比較的にこの言葉をよく使用しているように感じられる。当然のことながら、「伝統中国」の社会は、同時代の他の国や地域の社会と類似する点もあれば、相違する点もある。しかし、本書では、あえて相違する点、特に近世日本の社会と相違する点に注目してみたい。その理由は、現在、「アジア型経済システム」の中に生きつづけている所謂「文化信念」に対する理解の必要性が高まっていることや(9)、「日本人は、「伝統中国」を背景にして成立している現代中国社会で生活する人々とどうすればよりよくつきあっていけるのか」ということについて深く考えてみたいという筆者の素朴な研究上の動機による。

ところで、「伝統中国」という言葉に関しては、さらにもう一つ大きな問題がある。それは「伝統中国」がもつ地域的多様性や時期的変化と「伝統中国」の特質の関連性に関する問題である。「伝統中国」という言葉の使用に慎重な研究者がしばしば指摘するように、「伝統中国」の社会が地域的多様性や時期的変化をもつがゆえに、「伝統中国の社会は……」と単純に言えない面があることは確かである(10)。そのため本書では、社会秩序のあり方の時期的・地域的特質に着目するが、その目的は、特定の時期・地域の社会を取り上げて、他の時期・地域との相違を強調することにあるのでは必ずしもない。むしろ、それぞれの時期・地域の社会秩序の特質が、どのような地理的・経済的な環境のなかで形成され、展開していったのかということを具体的にかつ生成的に考察することによって、社会秩序のあり方が様々な条件に対応して変化する様式を解明したいと考えている。それぞれの地域・時期の社会を取り上げれば、そこには表面的には大きく異なる社会の姿が現れると思われる。しかし、ある地域社会が条件の変化や相違に対応して自らの秩序を形成してゆくその仕組み（メカニズム）に視点を当てて、なぜそのような多様性が生み出されたのかということを考えてみるならば、それは同時に、多様性の背後にあってそれを生み出す共通の深層のパターンを考察することにもなる。つまり、なぜこの場合にはこのようになり、あの場合にはあのようになるのかという説明は、単なる両者の相違のみならず、両者を通底する（両者に共有される）変化の論理を把握することなしにはありえないのである。その共通のパターンがどのような範囲で共有されているものなのかということについて、筆者は十分な考察を行っていないが、さしあたりその範囲を曖昧ながら表してみたのが「伝統中国」という言葉である。したがって、本書で「伝統中国」という場合、それは、固定した共通の特色によってくくられる範囲ではなく、むしろ、時期的・地域的に大きな多様性を含みながら、そのような多様性を生み出す秩序形成のパターンを共有する巨視的な場を意味している。

以上のような構想のもと、本書では、以下の手順で、伝統中国の社会秩序について考えてみたい。まず、第一章では、「健訟」に関する研究史などを検討しながら、研究上の課題、本書における分析の仕方などについて考察する。それを踏まえて、第二～四章では、宋代江東信州の鉱山、宋代江西・江東饒州や浙西・浙東の農業社会、宋代明州の沿海部における社会秩序の具体像について検証作業を行い、第五章では、地域的差異・時期的変化の問題について考えるために、明代の江西の開発と社会秩序の関係について検証作業を進める。そして、結語では、以上の内容をまとめながら、伝統中国の社会秩序の地域的・時期的変化の論理について考察を深めてみたい。さらに付録では、本書のテーマと関連した文章であるという理由から、柳田節子氏の著書『宋代庶民の女たち』の書評を収録した。なお、本書は、筆者が既に発表したいくつかの論文を基礎にして作成されたものであるが、書評以外は大幅に書き換えを行っている。本書とそれらの論文の関連についてはあとがきで詳しく述べているので、そちらを参照して頂きたい。

註

（1）「健訟」という言葉については、劉馨珺『明鏡高懸—南宋県衙的獄訟』（五南図書出版公司、二〇〇五年）などで考察されている。

（2）『明憲宗実録』巻九一、成化七年五月戊子の条「都察院等衙門会議、江西按察使牟俸奏。江西人民健訟、往往虚捏情詞告訐。乞将洪武年間榜文及前後議奏事例再行」。

（3）『明憲宗実録』巻五六、成化四年七月辛酉の条「巡按江西監察御史趙敔言。……切見江西小民俗尚健訟。有司官吏、稍不順其情者、動輒捏詞告害」。

（4）『明憲宗実録』巻二八〇、成化二十二年七月壬戌の条「増設江西吉安府推官一員理刑、従知府張鋭奏請也。鋭以江西多大家往往招納四方流移之人、結党為非。如吉安一府健訟尤甚、因犯監禁、常累至千人。縁官少不能決断、多致瘦死。今宜増設推官一員、專理詞訟、不得以他事差遣。法司以其言宜從。從之」。

（5）以下の文献等参照。横田冬彦「近世村落における法と掟」（『文化学年報（神戸大学）』五、一九八六年）。水本邦彦「公儀の裁判と村の掟」（『近世の郷村自治と行政』、東京大学出版会、一九九三年所収）。大平祐一「近世の合法的「訴訟」と非合法的「訴訟」―救済とその限界―」（『民衆運動史、三、社会と秩序』、青木書店、二〇〇〇年所収）。水林彪他編『新体系日本史、二、法社会史』（山川出版社、二〇〇一年）Ⅲ近世、四章、村と町（執筆・大藤修）。

大藤氏は、前掲書の中で、近世日本における村の請負統治のあり方について、「村・町の内部で発生した紛争は、村役人・町役人や五人組・近所の者などの仲裁・調停によって、他の村・町との紛争は、当該の村・町の役人相互の交渉や近隣の村・町の役人などの仲裁・調停によって、それぞれ解決するのが原則であった。それでも和解が成立しないときにはじめて、代官所・郡奉行所や町奉行所などに訴えるべきものとされていた」と述べている。また、横田氏は、上記の論文の中で、近世における領主の法と村の掟の関係について、近世領主の法は、村に請けられることによって、村の掟とされることによって、はじめて法として機能した、村の掟は領主法から一定の自立性を有していたと述べている。さらに、水本氏は、上記の論文の中で、公儀の裁判と村の掟の関係について、近世の村々の刑罰体系や裁判は、公儀の体系とは異なった独自性をもっていたとし、建前としての公儀の法は、刑罰権の公儀による掌握を原則とし、私的制裁権の否定を謳ってはいたが、その第一義目的が、社会全体の公共的秩序維持ではなく、公儀の威光維持にあったがゆえに、公然化せぬ限りにおいては、内々の処理を容認していたと考え、そのため村々は、公儀の法に抵触せぬ形を巧みに取りながら紛争を処理していたとしている。

（6）青木敦「書評・大島立子編『宋―清代の法と地域社会』」（『法制史研究』五七、二〇〇八年）等参照。

（7）例えば、小口彦太他『中国法入門』（三省堂、一九九一年）は、「秦漢以来の旧中国」を「伝統中国」としている。

（8）山本英史「日本の伝統中国研究と地域像」（『伝統中国の地域像』、慶應義塾大学出版会、二〇〇〇年所収）、上田信『伝統中国

――〈盆地〉〈宗族〉にみる明清時代』（講談社選書メチエ、一九九五年）等参照。

（9）原洋之介『アジア型経済システム―グローバリズムに抗して』（中公新書、二〇〇〇年）等参照。

（10）前掲青木「書評・大島立子編『宋―清代の法と地域社会』」等参照。

【付記】

宋代の地域社会には様々な社会層の人々がいた。具体的な検証作業に入る前に、従来の研究によりその社会層について確認し、本書で使用する呼称について説明しておきたい(1)。周知のように、宋代には科挙によって生み出された士大夫（正途出身の品官の家）と無官の読書人である士人が地域エリートとして地域社会の上層に存在していた。そして、その下に、財力のある在地有力者である富民（「富家」「富人」「富戸」「有力之家」「上戸」「大家」「大姓」「巨室」「富室」「勢族」「大戸」「富強有力之家」などとも呼ばれる）が存在していた。彼らは、官が「負」の存在として認識した場合は「豪民」「豪戸」「豪強」「豪強之徒」「土豪」「豪富人」「豪右」などと呼ばれた。本書で考察をする際には、彼らをまとめて便宜上富民と称しておきたい。

一方、宋代には、形勢戸という社会層もあったとされる。この形勢戸が具体的にどのような人々を指し示していたのかは必ずしも明確ではないが、品官の家・武階をもつ下級官僚・胥吏・富民がそう呼ばれていたようである。そして、こうした士大夫・士人・富民層以外に、地域社会には「小民」「貧民」「細民」「貧弱」「下戸」「小戸」などと呼ばれる多くの一般庶民（小農民・都市民など）が存在していた。本書で考察をする際には、彼らをまとめて便宜上小民と称しておく。

註

（1）以下の文献等参照。梅原郁「宋代の形勢と官戸」（『東方学報』六〇、一九八八年）。柳田節子「宋代形勢戸の構成」（『宋元郷村制の研究』、創文社、一九八六年所収）。高橋芳郎「宋代の士人身分について」（『史林』六九―三、一九八六年、後に『宋―清身分法の研究』、北海道大学図書刊行会、二〇〇一年収録）。植松正「元末浙西の地方官と富民―江浙行省検校官王艮の議案をめぐって―」（『史窓』五六、一九九九年）。山本英史「清代康熙年間の浙江在地勢力」（『伝統中国の地域像』、慶應義塾大学出版会、二〇〇〇年所収）。佐藤明「前近代中国の地域支配の構図―南宋期江南東西路を中心に―」（『中国史学』一、一九九一年）。大澤正昭「中国社会史研究と『清明集』」（『ソフィア』四〇―四、一九九一年）。平田茂樹「宋代社会史研究の現状と課題―大澤正昭編『主張する〈愚民〉たち伝統中国の紛争と解決法』を手掛かりとして―」（『人文研究〈大阪市立大学〉』五〇―一一、一九九八年）。檀上寛「元・明交替の理念と現実―義門鄭氏を手掛かりとして―」（『史林』六五―二、一九八二年）。同『鄭氏規範』の世界―明朝権力と富民層―」（『明清時代の政治と社会』、京都大学人文科学研究所、一九八三年所収）。

第一章　「健訟」研究と問題の所在

はじめに

序言では、明代の江西で「健訟」が認識されていたことについて述べたが、実は江西では明代以前にも「健訟」が認識されていた。そこで、本章では、まず第一節でこうした明代以前も含めた江西における「健訟」に関する言説について確認する。そして、第二〜四節で、「健訟」に関する従来の研究について、その他の社会秩序に関する問題も含めて検討し、伝統中国の社会秩序を考える際の問題の所在について具体的に考察する。その上で、第五節では、本書がどのようなアプローチ（方法）によって、伝統中国の社会秩序の（地域的・時期的）変化の論理の解明に取り組むのかということについて説明してみたい。

一　宋元明代の江西における「健訟」

江西では、例えば、『馬氏南唐書』巻一一、王崇文伝に「吉州の民はよく訴訟沙汰を起こし、古来治めがたい地であるといわれてきた」（吉州民多争訟、古称難治）と書かれているように、すでに五代十国時代には「健訟」が認識されていた。こうした記事は、宋代になるとより多くみられるようになる。例えば、南宋の黄榦の『勉斎集』巻六、復江西漕楊通老にはこのように書かれている。

だいたい江西では「健訟」が気風となっている。墓地の木が一本切られれば、墓が盗掘されたと言って訴訟が起こされる。男女が争い合えば、強姦されたといって訴訟が起こされる。道端で病死した人を指さして殺されたと言い、夜半に忍び込んだこそ泥を強盗であると言っている。この類のことはいろいろある(1)。

また、『宋史』巻八八、地理志、江南東西路にも、「その地の人々の気質はあらあらしくせっかちで、葬式の仕方は礼にあっておらず、人々は訴訟沙汰がとても好きである」(其俗性悍而急、喪葬或不中礼、尤好争訟)とある。また、黄庭堅の『豫章集』巻一、江西道院賦にはこのように書かれている。

江西の風俗と言えば、士大夫の多くは優秀で上品であるが、庶民は陰険で猛々しく、際限なく訴訟を起こし続けることを才能としている。そのため優秀な者もそうでない者もともに争っており、彼らは人々から訴訟好きの民と呼ばれている。能弁な者であっても逃れることはできない(2)。

さらに、『夢渓筆談』巻二五にはこのように書かれている。

世間では、江西の人は訴訟好きであるといわれている。『鄧思賢』なる書物があるが、それは訴訟の方法について書かれたものである。その本ではじめに虚偽の文章のでっちあげ方を教え、それがうまくゆかない場合は、誣告をするように教えている。誣告をしてもうまくゆかない時は、相手の罪を見つけて脅迫すればよいと教えている。考えるに「思賢」とは人名であると思われる。人々が彼のやり方を伝えて、その名前を書名にしたのであろう。郷里の学校ではしばしば授業でこの本が使われている(3)。

こうした裁判に勝つための学習活動は「訟学」と呼ばれ、すでに宮崎市定氏以来、多くの研究者が言及してきた(4)。

これについては、『宋会要』刑法二の一五〇・紹興七（一一三七）年九月二十二日の条にもこのように書かれている。朝廷が恩赦を行った。聞くところによれば、虔州・吉州などの州では、もっぱら家学で訴訟の手続きを教えており、それは長年行われていてこの地の気風となっている。（習った者たちは）州県を脅かし、善良な民に危害を加えている。監司・知州・知県に通達して、あちこちに立て札をたてて、厳重に取り締まるようにせよ(5)。

また、『宋会要』刑法二の一五〇・紹興十三（一一四三）年閏四月十二日の条にもこのように書かれている。尚書度支員外郎の林大声が上申した。江西の州県には「教書夫子」なる者がいて、児童を集めて聖人の書でないものを教えています。彼らが使う教科書は『四言雑字』などと呼ばれていて、名前はいろいろあります。それらは土地の言葉で書かれていて、みな訴訟について書かれています(6)。

以上のように宋代の江西（江南西路）では「健訟」や「訟学」の存在が、当時の人々によって認識されていた。なお、南宋時代の裁判関係文書集である『清明集』巻一二、懲悪門、為悪貫盈には、「（江南東路の）饒・信の両州はたちの悪い訴訟が最も多い」（饒信両州、頑訟最繁）とあり、また、『清明集』巻一一、人品門、治推吏不照例禳祓には、「本路（江南東路）の中で、裁判の多さという点において饒州と信州にまさるところはない。つねに獄に繋がれている者がおり、それはともすれば百人十人単位になる。未だに獄が空になったことはない」（本路獄事之多、莫如饒信。居常繋獄者動輒百十人、未見有獄空之時）とある。真徳秀の『西山先生真文忠公文集』巻四五、少保成国趙正恵公墓誌銘にも「饒州の州民には訴訟好きが多い」（饒州州民多喜訟）とある。このように後に江西に組み込まれる饒州と信州でも「健訟」が認識されていた。

こうした「健訟」は元代の江西においても認識されていた。例えば、『元典章』刑部、巻一五、訴訟、越訴には以下のような記述がある。

至元二十四（一二八七）年七月。江西行省が吉州路（吉安路）から出された上申書を提出してきた。その中にはこのように書かれていた。人民による訴訟は激しく、多くは本路での裁決を待たずに、省府を越えて按察司に直接訴えている(7)。

また、宋濂の『宋学士文集』巻五八、元故処州路総管府経歴祝府君墓銘にも、「吉州路では、告発合戦を好む風潮が強く、女性や子供ですらみな法律を習っていて、そのさまは老吏のようである」（吉俗多喜譁訐、女婦童子咸習法律如老吏）とある。こうした「健訟」は、実は明代初期の江西でも認識されていた。『教民榜文』第二三にはこのように書かれている。

両浙・江西などでは、訴訟好きの人民が多い。ちょっとしたことでも、我慢しないで、すぐに首都にやってきて告訴する。……今後は「老人」が里の人民を親身になって戒めるようにして、戸婚・田土・闘殴についての争いなどといったささいなことについては、互いに我慢させるようにせよ(8)。

また、『御製大誥』三編、代人告状、第三二にもこのような記事がある。

全国に十三ある布政司には良民がとても沢山いるが、悪賢くて頑迷なものもいる。江西の「頑民」はよこしまな行為が極限に達していて、おろかとしか言えないくらいになっている。例えば郭和卿などは、王迪淵など四十五名のものを、みな民に害を与えている胥吏とか「皁隷」（下役人）とか「豪民」であるとして告発したが、尋問したところ、その中の二十名については真実に基づく告発をしていたが、十八名については虚偽の告発をしていた。……郭和卿は犯歴があるにもかかわらず懼れず、公然と代理告発をし、自滅行為をしている(9)。

このように明代初期の段階でも江西（吉安府）は「健訟」の地とみなされており、さらにその後明代前期になっても江西では「健訟」が認識されつづけていた。例えば、万暦『吉安府志』巻一七、賢侯伝、安福県、趙敏には、「永楽年間（一四〇三〜二四年）の末に安福県の知県となった。……そのころ密告合戦が盛んになり、裁判沙汰が起き、長年決着がつかないままになっていた」（永楽末知安福。……時互訐之風甚、起獄至累歳不能決）とある。また、『明宣宗実録』巻二七、宣徳二（一四二七）年四月乙酉の条にも以下のような記事が見られる（同様の記事は『明史』巻九三、刑法志、宣徳二年の条にも書かれている）。

江西按察司僉事黄翰が上申した。……民間の「無籍之徒」が、好んで盛んに訴訟を起こしていて、年を取ったり病気になったりしている男性や婦人を使って一般人を誣告させています[10]。

以上のように江西では、明代前期の段階でも「健訟」が認識されつづけ、中期以降も冒頭で紹介した記事に見られるように、そうした「健訟」は認識されていた。このように江西では吉州（吉安府）などを中心に宋代から明代まで、「健訟」が認識されつづけていた。

二 「健訟」研究の現状と課題

①宋代江西「健訟」研究の現状と課題

宋代の江西で認識されていた「健訟」に関しては、すでに多くの研究者が注目し、その背景についてさまざまな見解が出されてきた。例えば、宮崎市定氏は、江西で「訟学」が盛んになった背景には五代・南唐の平和な状況から出た人民の権利の伸張と宋初の植民地扱いがあったと指摘している[11]。また、大澤正昭氏は、「健訟」は人口の多さが関係する場合と物流の増加が関係する場合とがあったと考えている[12]。小林義廣氏も、交通と訴訟の関係に注目し、吉州で「健訟」が認識された背景には、交通路が発展し、治安が悪化したことがあると述べている[13]。一方、程民生氏は、土地が狭くて人口が多いところで発生したと指摘している(14)。さらに、青木敦氏は、宮崎氏の言う南唐・宋初の状況や大澤氏や小林氏の言う物流の増加よりは、フロンティアにおける移民流入・人口増加の状況が発生の直接的な契機になっていたと指摘している(15)。また、元代江西の「健訟」に関しては、植松正氏が人口流入を要因とする見解を示している(16)。

ただ、宮崎氏は南唐・宋初の状況の影響について詳しくは述べておらず、その他の研究者による人口の流入や物流の増加などからの考察でもそれらの状況と「健訟」を生み出す社会秩序の具体的な関係については詳しく述べられてはいない。つまり、人口が流入したとか物流が増加したといった点だけではなく、さらに、そうしたさまざまな状況のもとで、その地の人々がどのような生活戦略、経済行為、行動様式をとっていたのか、その結果、どのような社会状態が醸成されていたのかということについてさらに明らかにする必要がある。というのは、その地で暮らしていた人々の行動のあり方こそが、この地の社会秩序形成の源泉になっており、「健訟」を誘発していたと考えられるからである。

また、ここでもう一つ気をつけなければならないことは、「健訟」という言葉が使用された背景についてである。そもそも「健訟」という言葉は当時の官僚などの認識を示した言葉なので、実際の状況がどうであったのかは分からない。書いた本人がそう感じていただけなのかもしれないのである。また、何州で「健訟」がみられると書いてあっても、「健訟」という言葉が漠然とした印象として使われている以上、実際にその州全体がそうなのか、州の内部で違いは見られないのかといった具体的な点もなかなか確認することはできない。しかも、「健訟」が意味する内容は書いた人や時代によって若干異なる場合もある。一般的に文献史料に書かれていることは、その史料を書いた人の視点・感覚で書かれているので、「書かれていること＝実態」と即断できないが、「健訟」に関する史料の場合は、その内容が漠然としているだけに、史料を扱う際には特に注意を要する。つまり、「健訟」という言葉がこのようにあいまいな使い方をされている以上、「健訟」の背景を探るという問題設定や考察方法はあまり意味をなさない。「健訟」が認識された地域で、訴訟が増加する具体的な仕組みを解き明かさなければ、伝統中国の社会秩序の具体像に迫ることはできないと思われる。

②宋―清代「健訟」研究の現状と課題

ところで、従来の「健訟」研究の中には、実は訴訟が増加する仕組みについて述べたものもある。例えば、宋代の「健訟」に関しては、陳智超氏が、土地売買の活発化・土地移転の加速などに原因があると考えている(17)。また、許懐林氏は、中唐以降農業が発達して、人が多くなり耕地が不足する状況下で、多くの地主が自己の経済基盤を拡大するために多くの土地を占有(兼併)するようになったことや賦役負担が増えたこと、胥吏の腐敗がみられたこと、民間において法律学習が行われたことが訴訟を誘発していたと考えている(18)。さらに、草野靖氏は、貨幣経済の発達とともに、田土の交易、銭財の貸借が日常のこととなり、人口の増加が地狭人稠の度を著しくして人々が尺寸の地を争い合うようになったことが訴訟繁興の背景にあるとしている(19)。龔汝富氏は、宋代から清代までの江西における「健訟」の社会的背景には、社会経済の発展と私有財産関係の複雑化、法律制度・訴訟手続きの発達、胥吏の腐敗、訴訟ゴロの出現などがあると指摘している(20)。また、方志遠氏は、明代江西吉安府の「健訟」(争訟)は、耕地が少なくて人口が多いという状況下で、「大戸」(富裕な戸)が土地(田産墳地)を兼併したり、「大戸」同士が争ったりしたことと、「大戸」が賦役を転嫁したことが直接的な原因となって起きたと考え、それに商品経済の発展などが影響していたと述べている(21)。

以上の研究では、土地売買・土地兼併・銭財の貸借といった経済に係わる現象と「健訟」との関連性について述べられている。しかし、上記の研究では、方氏の研究がやや詳しく検証作業を行っているものの、それらの現象が訴訟を誘発する具体的な仕組みについてはあまり述べられてはいない。そうした具体的な仕組みについては以下のような考察がある。例えば、夫馬進氏は、嘉靖から万暦年間に、郷紳による土地集積や倭寇の影響などにより訴訟が増加したため、訟師秘本（訴訟ハンドブック）が流布し、それによりさらに訴訟が激化したと考えている(22)。また、喬素玲氏は、清代の広東に関する地方志を分析し、この地では、土地売買が盛んであったが、政府が土地売買に必要な基礎的制度を作らなかったため、私有財産の保護がなされない状況になり、訴訟が頻発していたと述べている(23)。さらに、明清代に「健訟」の地として有名であった徽州府については、卞利氏が包括的な研究を行っているが、氏は「健訟」の背景には、徽州商人の活動の活発化があったと指摘している(24)。一方、熊遠報氏は、明清代の徽州府の「健訟」の原因は、土地財産の所有形式の複雑化、商業の発達と郷里を出て仕事をする人々の増加、財産・納税等の代行業務の増加、不正収入に依存せざるをえない地方行政のあり方などにあると考え、さらに、そうした状況の背景には、明代中期以降の商業の活発化に伴う貧富の格差の拡大があると述べている(25)。

以上の研究により、訟師秘本の流布と訴訟の激化の関連性や清代の広東で土地売買が訴訟を誘発した仕組みについて知ることができる。また、明清代の徽州府については訴訟が誘発した仕組みがかなり詳しく明らかにされている。しかし、「健訟」が強く認識されていた江西に関する詳しい検証はなされていないのが現状である。また、明清代の徽州府の「健訟」は、徽州商人の活躍というこの地特有の要因が大きく影響しているため、それにより単純に江西など他の地域の「健訟」的状況を理解することはできない。そうした意味で、「健訟」が強く認識されていた江西で、どのような仕組みにより訴訟が増加していたのかということについて検証する必要があると言える。

③社会秩序の時期的変化・地域的差異と訴訟の増加

ところで、訴訟が増加する仕組みを解明する際に留意しなければならないのが、序言でも述べた社会秩序の時期的変化の問題である。つまり、伝統中国の社会秩序が時期的にどのように変化していたのかということである。訴訟が増加する仕組みについて考える場合には、そうした点も考慮に入れなければならない。例えば、江南デルタで十六世紀中葉より詞訟（訴訟）が増加したことについて、濱島敦俊氏が、「ただ中国を一般に伝統的な訴訟社会として把握するよりは、十六世紀中葉の構造的変動の結果としての詞訟の増加と認識した方がよい」と述べていること(26)、また、岸本美緒氏が、田価（耕地の価格）の変動と田産に関する訴訟の関係について明らかにしていることなどを考えると(27)、中国伝統社会を安易に訴訟社会（「健訟」的な社会状況）と結びつけるのではなく、時期的変化についても留意すべきであると思われる。そのため本書では、宋代や明代に限定することなく、長期的な視点（宋―明代という時代の流れを踏まえた視点）から、訴訟が多発する仕組みや地域社会の社会秩序の時期的変化の論理について考えてみたいと思っている。

また、もう一点訴訟が増加する仕組みを解明する際に留意しなければならないことがある。これも序言で述べたことであるが、地域的差異・地域的多様性の問題である。全国一律ではなく江西など特定の地域で「健訟」が認識されていること、先述したように訴訟が多発する背景も明清代の徽州府では、徽州商人の活躍というこの地特有の要因が関係していたことなどから考えると、各地域社会の地域性などに留意しながら、伝統中国の社会秩序の地域的変化の論理について考える必要がある。本書ではこうした点も考えて検証作業を進めてみたい。

三　経済発展のあり方から分析する試みについて

宋代から明代に江西で訴訟が増加した仕組みを明らかにするためには、具体的にはどういった視点から分析を進めればよいのであろうか。先述した研究で、経済に係わる現象と「健訟」の関連について指摘がなされていたことを考えると、そうした点が重要になってくると思われる。そこで、ここでは、江西の地理的な状況を確認してから、宋代のこの地の経済状況の概況について確認してみたい。

江西は、長江中流域に位置しており（図①「中華人民共和国における江西省の位置」参照）、中心には鄱陽湖という大きな湖がある（図②「宋代の江西と江東の饒州・信州」、図③「宋代の信州・饒州とその周辺」、図④「明代の江西とその周辺」参照）。この湖には、贛江や昌江、信江などの川が流れ込んでおり、その流域を中心に江西という地域が形成されている。この地域を地形的にみると、鄱陽湖周辺にはデルタ地帯があり、贛江中流などには河谷平野地帯（緩やかな傾斜のある扇状地）が多くみられる。また、贛江の上流、福建・広東と境を接する地域には山間地が広がっている。

こうした地形をもつ江西は、六朝時代（魏晋南北朝時代）頃に地域的統合が進んでいった(28)。宋代には、行政区分上、江南西路と江南東路（饒州・信州・南康軍・江州）に分かれていた（図②「宋代の江西と江東の饒州・信州」参照）。しかし、明代以降になると、江南西路の興国軍以外の地域は統合され、現在のような江西省という行政区分が成立することになった（図④「明代の江西とその周辺」参照）。そのため、宋代についても、明代の江西の区分でもって分析する研究もある。例えば、ジョン・W・チェイフィー氏はこの地域を「贛江盆地」と名づけて宋代の行政区分に

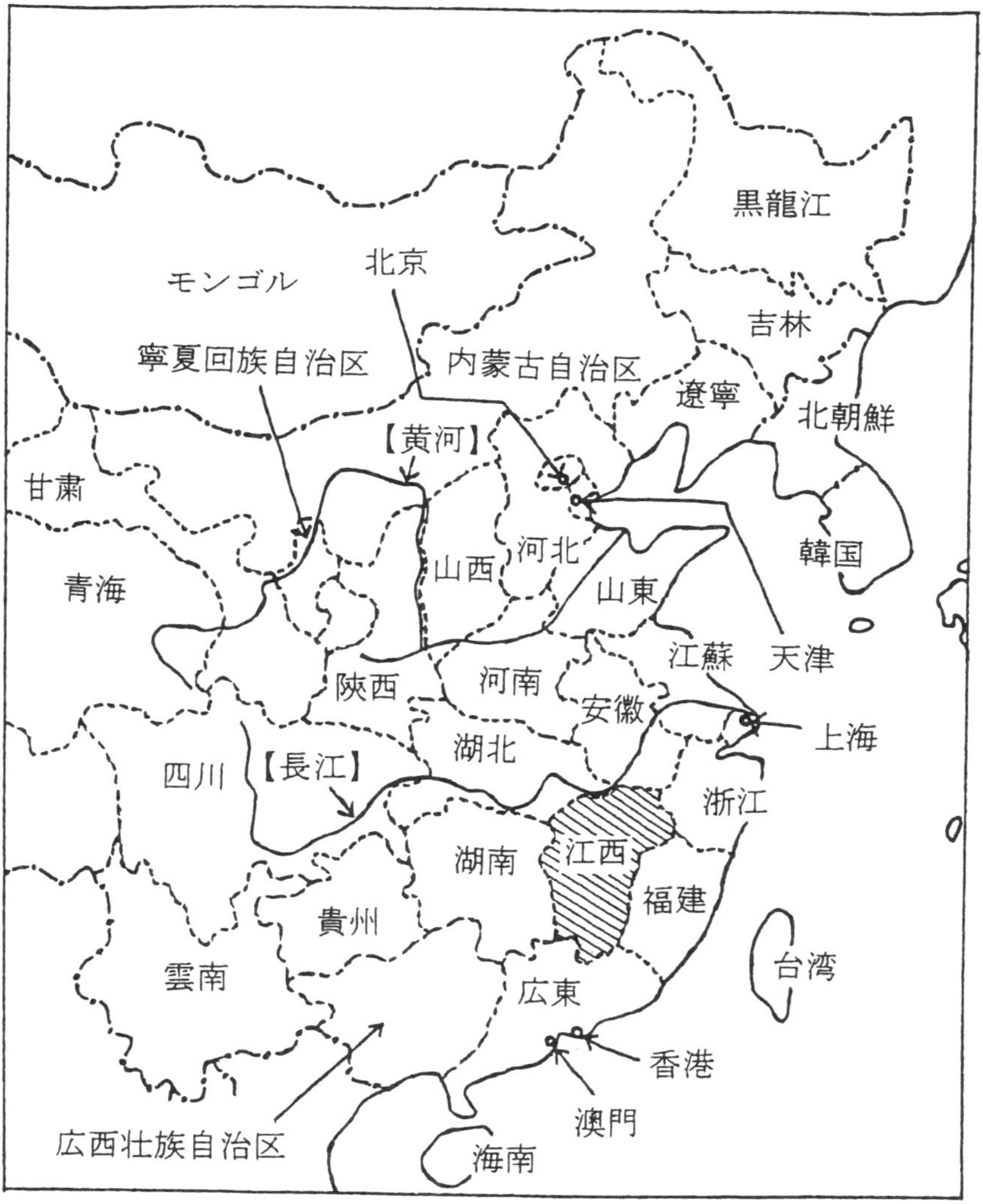

図①　中華人民共和国における江西省の位置

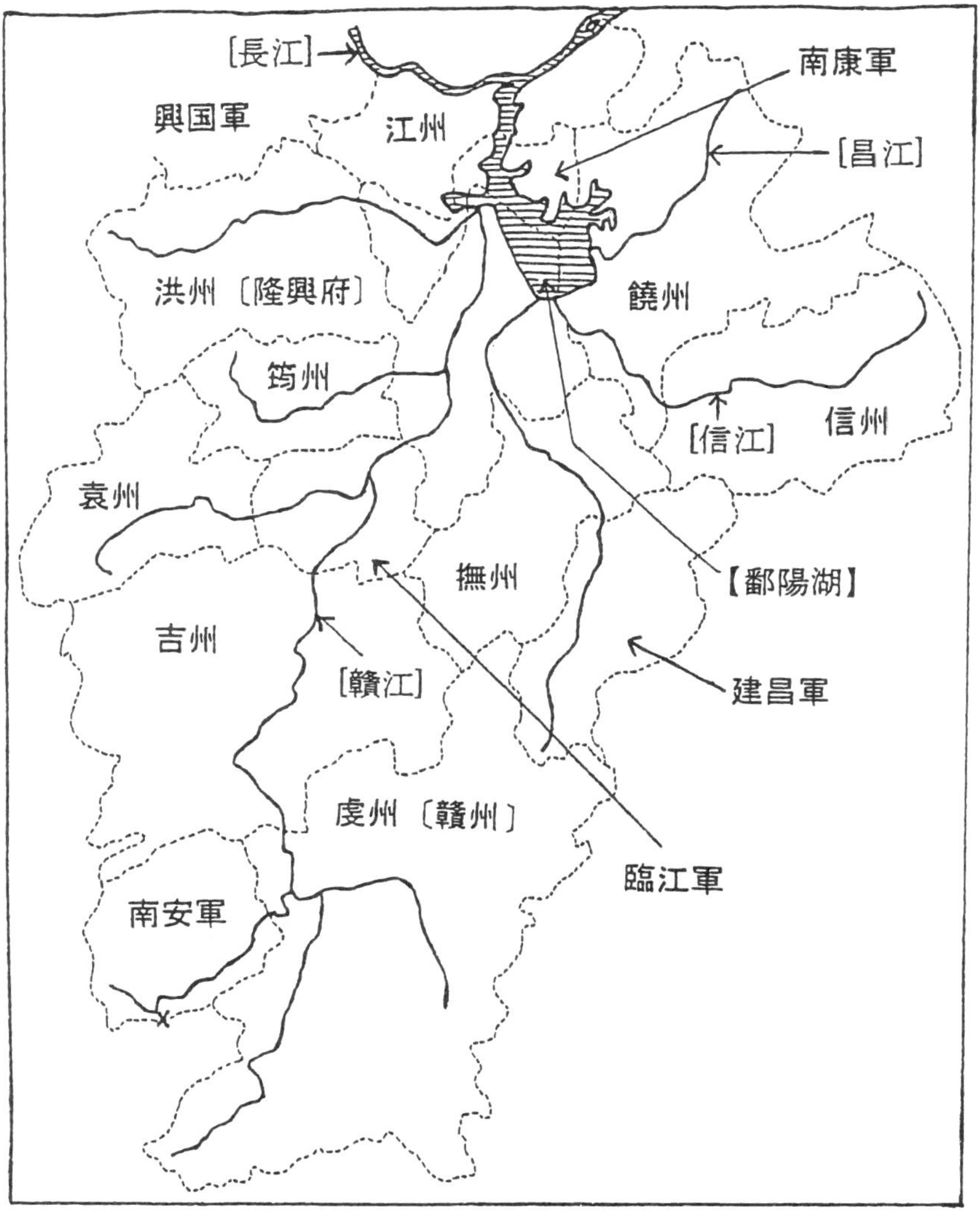

図② 宋代の江西と江東の信州・饒州
(『中国歴史地図集第 6 冊(宋遼金時期)』、地図出版社、1982 年をもとに作成)

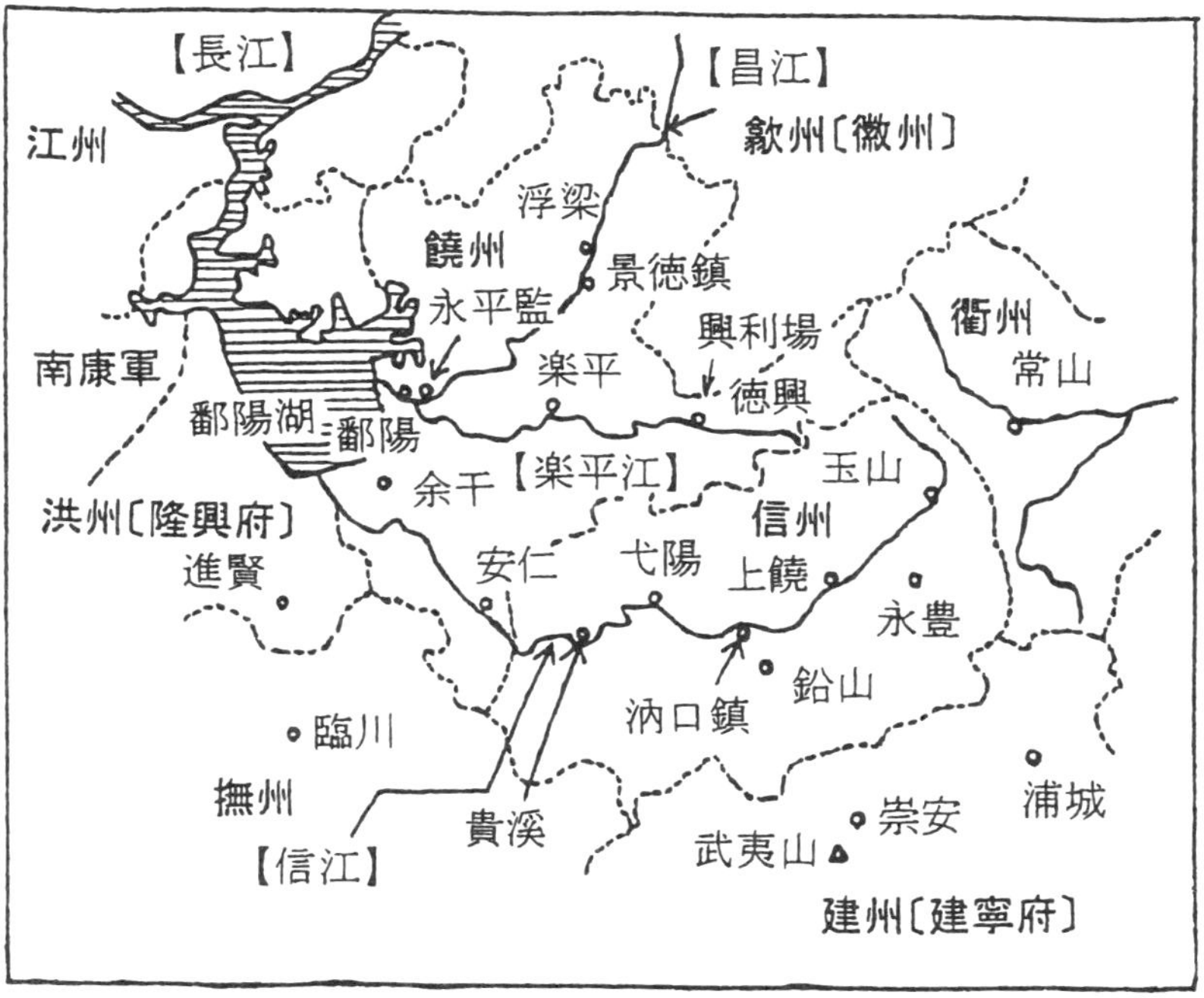

図③　宋代の信州・饒州とその周辺
(『中国歴史地図集第 6 冊(宋遼金時期)』、地図出版社、1982 年をもとに作成)

とらわれない分析を行い、「贛江盆地」が、江南デルタ地域や福建を中心とする東南沿海地域、四川地域とならんで科挙合格者が多い地域であったことについて指摘している(29)。

こうした江西の地域としての歴史については許懐林氏の総合的な研究や呉金成氏の明代に関する研究などがある(30)。これらの研究などによれば、宋代の江西では農業を中心に経済的に大きな発展がみられたことが分かる。特にデルタ地帯が多い饒州や洪州、河谷平野地帯が多い吉州などでは穀物生産が盛んに行われており(31)、収穫された穀物は政府の重要な財源となっていた(32)。

また、この地域は、農業だけではなく、鉱山業についても大きな発展があ

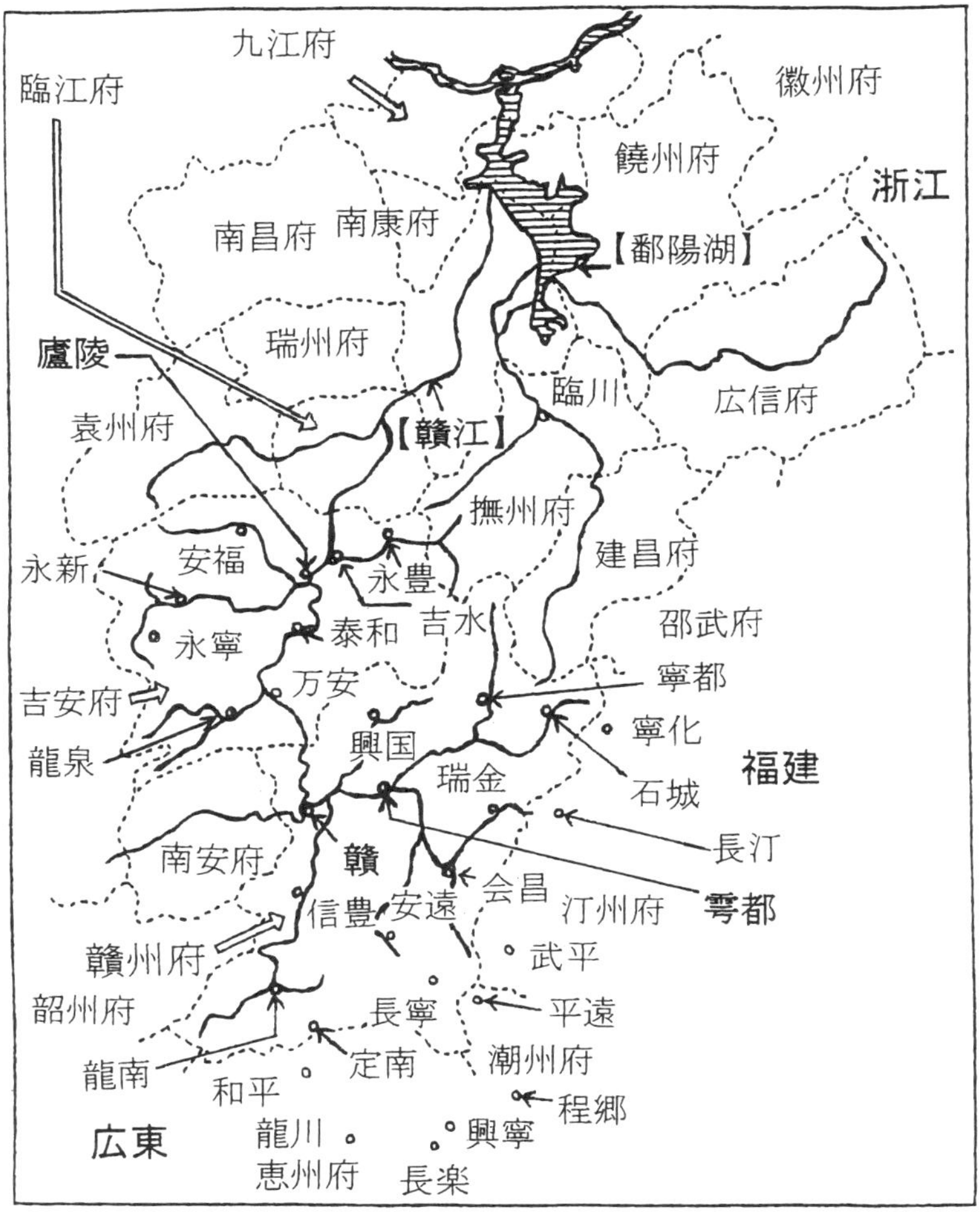

図④　明代の江西とその周辺

(『中国歴史地図集第 6 冊(宋遼金時期)』、地図出版社、1982 年をもとに作成)

り、特に信州の鉛山場は銅生産の中心地になっていて、政府の銅銭生産を支えていた。さらに、陶磁器（陶瓷器）業に関しても、周知のように饒州の景徳鎮を中心に発展がみられた。こうした経済の発展にともなって、贛江や昌江にそった流通路も発展し、物流が活発化していた。

このように、宋代の江西では、経済的に大きな発展がみられ、上記のように、科挙合格者を多く出すなど文化的な発展もみられた。しかし、それと同時に前述したように当時の江西では、「健訟」が人々により強く認識されるようになっていた。こうしたことを考えると、宋代の江西における「健訟」的状況や社会秩序について考えるためには、産業のあり方とそれに関連する社会状況（農業社会や鉱山などの社会状況）を具体的に検証する作業が必要であると思われる。

以上の理由から、本書では、江西の経済発展を支えた産業のあり方について分析を行うが、宋代には穀物生産は江西だけではなく、長江下流域に位置しデルタ地帯が多かった浙西や河谷平野地帯が多かった浙東でも盛んであった(33)。そこで、本書では、宋代の経済発展のあり方と社会秩序の関係を探るために、江西だけではなく、こうした他の地域の状況についても検証し、その状況と江西の状況を比較検討する作業も行うことにした。また、そうした作業の一環として、本書では、宋代の経済発展を考える上で欠かすことができない海上交易で発展した浙東明州の沿海部の状況についても考察することにした。

四　秩序維持・利害調整のあり方をめぐって

①秩序維持に関する問題

伝統中国の社会秩序の具体像に迫る際に重要になってくるのが、自律的秩序維持能力（共同性）に関する問題である。従来の研究の中には、伝統中国の地域社会には、村落共同体がなく、紛争を主体的に解決できる法共同体もなかったとする指摘がある[34]一方で、宋代には地域社会（郷里社会）に根を下ろし、民衆の支持を受け、指導力と統率力をもつ「父老」「耆老」「郷老」などと呼ばれる長老知識人がいて、地域社会には、彼らを中心とした「共同体的関係」があったとする指摘もある[35]。また、明代前期には地域社会で紛争処理を行う里老人制という制度も実施されていた。こうしたことを考えると、社会秩序の具体像を明らかにするためには、地域社会の住民たちがどのような行動をとり、彼らの人間関係がどのようになっていたのか、そして、それが秩序の維持や利害の調整にどのような影響を与えていたのかという点について検証する必要があるように思われる。なお、所謂「共同体」の問題は、「（江戸時代の村的な）共同体がない＝自律的秩序がない」ということではなく、「共同体がない状況下でどのような自律的秩序が形成されていたのか」「その秩序は何により成り立っていたのか」という点こそが問題であるように感じられる。

訴訟が多発する仕組みとこうした問題の関連については従来の研究ではどのように考えられていたのであろうか。例えば、牛傑氏は、宋代には宗族の力が弱く、民衆と州県の間に強力な組織がなく、郷村の基礎司法機能が弱かったため訴訟が頻発していたと指摘している[36]。また、中島楽章氏は、北宋期に累世同居の大家族を形成した徽州の武口王氏の族人間に、南宋期には階層分化が生まれ、同族内の利害対立や訴訟が顕在化していたことについて述べている

(37)。さらに、濱島敦俊氏は、江南デルタ地域における十六世紀中葉からの詞訟の増加は、この地域において商業化が進行し、農民の生活圏が拡大したことにより、ヘゲモニーを有する郷居地主＝糧長層が消滅し、秩序の自律的維持能力が弱体化したことが背景にあると述べている(38)。こうしたことから考えると、伝統中国の社会秩序の具体像を明らかにするためには、地域社会（在地社会）における自律的秩序維持能力（共同性）・紛争の自律的解決能力の時期的変化についても考える必要があると言える。

②里老人制と「健訟」的状況の関係に関する問題

上記の問題を考える際に重要な問題となってくるのが里老人制である。先述したように、明代前期には、明朝政府が『教民榜文』に見られるような里老人制（老人制・里老裁判制度）というものを実施した。これは里の人々の中から有徳の年長者を選び、その者を「老人」とし、彼に民事的な紛争の処理を行わせるという制度である(39)。里という地域社会内部で紛争を処理させる体制、つまり、「健訟」的状況とは正反対の社会状況を作り出そうとする試みである。伝統中国の社会秩序の具体像について考えるためには、この里老人制と「健訟」的状況がどのような関係にあったのかということについて検証することも必要であると思われる。この里老人制についてはすでに多くの研究者が考察してきた(40)。その中でも、宋代以来の社会秩序の展開も踏まえた考察をしているのが中島楽章氏である(41)。その内容を筆者なりにまとめてみると以下のようになる。

徽州（江南東西路の山間地の河谷盆地）では、唐末から山村型の地域開発が進み、定住と開発の初期には治安が不安定で、人々は同族か否かを問わず、共同して開発と自衛に当たっていた。やがて、北宋期になると、フロンティア開発の第二段階になって、林業や焼畑農業、労働集約的・多角的な商品生産をする際に共同労働や分業をする必要性があったため、累世同居（大家族）が発達するようになった（一方、江南東西路の中心平野部では、累世同居はあまり発達しなかった）。そうした状況下で、紛争は同族集団の「長者」が処理に当たるようになっていった。しかし、南宋期になると、族人間に階層分化が生まれ、同族内の利害対立や訴訟が顕在化していった。その後、宗族が形成されるようになり、郷村の在地有力者・名望家による紛争処理が行われるようになった。こうした紛争処理は元代にもみられ、明代に成立した老人制は、そのような自生的な紛争処理を基盤としていた。老人制は、国家が裁判・懲罰権を老人に賦与することにより、老人に単なる民間調停以上の力を与えていた。明代前期には、老人を中心としてかなり実質的な「郷村裁判」が行われていた。紛争は、老人や里長によって、つまり、官への提訴を要さず郷村レヴェルで処理されることが多かった。中期（成化～正徳年間）になると、提訴をうけた地方官の指示により、老人や里長が実地検証や事実調査を行い、また、それに伴う和解調停をすることが多くなった。十六世紀後半になると、海外からの膨大な銀の流入と商品経済の拡大、それと表裏する辺境の軍事支出による農民負担の増大のなかで、相対的に安定し完結的であった社会関係が流動化し、紛争・訴訟が増え、老人・里甲制を中心とする紛争処理の枠組みが動揺し、多様な主体が紛争の処理をするようになった。

また、上田信氏も、明代の徽州府では、十五世紀半ば以降、山林経営に関する権利関係が複雑化した結果、里老による紛争解決ができなくなり、山林の保護・管理に関する新しいシステムとして郷約がつくられたと述べている(42)。なお、里老人制のあり方については、三木聰氏が、『教民榜文』に示されるような当為（あるべき姿）としての裁判は当初より行われておらず、里老人制は、調解を主とした〈柔らかな裁判〉であったとし、また、里老人制解体後（嘉靖～万暦年間）には、郷約・保甲制が成立したが、それは裁判権・刑罰権を有するものではなく、その紛争処理では調解が重視されていたと述べている(43)。

このように徽州府における里老人制の実態については詳しく検証されている。しかし、累世同居が発達しなかったとされる江南東西路の中心平野部など徽州府以外の地域については、あまり明らかにされてはいない。徽州府とは違った地域性をもつ地域についてもさらに検証する必要がある。また、三木氏が、福建で永楽年間に里老人制がうまく機能していなかった事例や蘇州府の木瀆鎮というところで老人による調解が行われていた事例を紹介しているが(44)、「健訟」が強く認識されていた江西で里老人制と「健訟」的状況がどのような関係にあったのかという問題についても考察する必要がある。

③「械闘」と「健訟」的状況の関係に関する問題

ところで、伝統中国の社会では、里老人制的な社会秩序や「健訟」的状況とは相違する社会状況もみられた。所謂「械闘」（宗族などの集団同士の武力衝突）が多発する社会風潮である。こうした社会風潮は従来の研究ではどのように考えられていたのであろうか。例えば、仁井田陞氏は、「械闘」が、清代の福建・広東でとりわけ多くみられたこと、多発していた同族部落同士の「械闘」に対して官憲は威嚇的または武力的に解決する途は殆どなかったこと、部落間の争いでは提訴が好まれなかったこと、同族部落同士の「械闘」以外に土着の部落と新来の移住部落の間での「械闘」（これを「土客械闘」という）もあったことについて述べている(45)。こうした見解に対し、北村敬直氏は、「械闘」（同族集団の争い）では、官に告訴する手段をまず試みるのが普通であったと指摘し、福建・広東における清初の外国貿易の繁栄による貨幣経済の発達が同族集団同士（主に「大姓」と「小姓」の間）の争いを誘発していたと述べている(46)。また、鄭振満氏は、清朝が「強宗大族」に依存した地方統治を行う状況下で、「強宗大族」が「小姓」を搾取するようになり、それに反発した「小姓」が連帯して「郷族集団」を作って「強宗大族」と武力抗争を行ったと述べている(47)。

さらに、中島楽章氏は、明代徽州府の「械闘」について考察し、この地では、（フロンティア的な環境というよりは）集約的な山地型の地域開発が限界に達したなかで、限られた資源をめぐる競争が激しくなったことや、官治の統制力の不十分さが「械闘」を誘発していたと述べている(48)。

以上の研究をみると、「械闘」と訴訟の関係について、仁井田・北村両氏の間で見解が異なっているが、こうした点が実際どのようになっていたのかということ、さらには、訴訟が多発する仕組みと「械闘」が多くなる仕組みの関係はどのようになっていたのかということについて、中島氏が指摘している官治の統制力についても留意しながら検証してみる必要があると思われる。

五　本書における考察方法について

以上、「健訟」研究を中心に、伝統中国の社会秩序に関する研究上の課題について考察してきた。本書では、それらの課題を解決するために、宋—明代という長期的な視点から、また、秩序維持・利害調整という視点にも留意しながら、江西や浙西・浙東における経済発展のあり方（産業や交易に関する社会状況）と訴訟が多発する仕組みについて分析し、社会秩序の時期的変化・地域的差異のあり方について考えてみたい。そして、その内容を踏まえて、伝統中国の（地域社会の）社会秩序に共有される地域的・時期的変化の論理について考えてみたい。なお、本書では、その変化の論理の性格・傾向をより明確に把握するために、ある「理念的類型」を設定して分析作業を行ってみたいと思っている。その「理念的類型」とは以下のようなものである。

「健訟」という言葉は、「社会秩序の安定状態（紛争の少なさ）」との対比で一般に用いられるが、一方で、紛争が暴

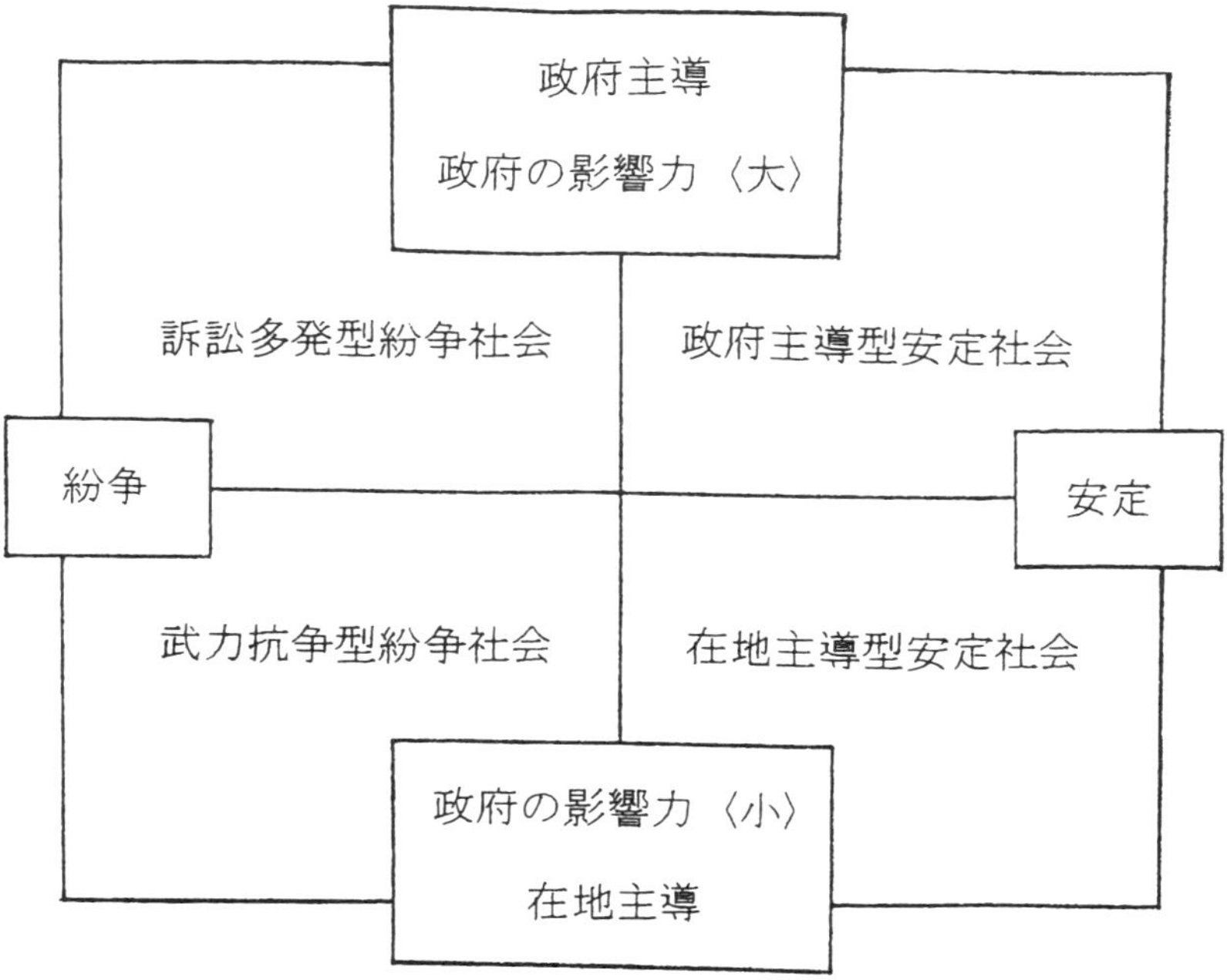

図⑤　社会秩序の理念的類型

力的・自力救済的に解決される場合とも対比をなしている。そうした点を踏まえて、かりに紛争の多さ・激しさを横軸に、官（政府）のプレゼンス（存在感・影響力・関与の程度）の大小を縦軸にとって社会秩序の「理念的類型」を考えてみた場合、「訴訟多発型紛争社会」「武力抗争型紛争社会」「政府主導型安定社会」「在地主導型安定社会」という四つの「理念的類型」を描くことができると思われる（図⑤「社会秩序の理念的類型」参照）。その各類型の具体的なイメージについて考えると以下のようになる。

「訴訟多発型紛争社会」とは以下のような社会である。地域社会全体に安定的な秩序を築くことができる在地勢力が存在していないため、地域社会で起きた利害対立が地域社会内部では調整されにくい。在地勢力が武力をもっておらず、官（政府）が治安を維持しているが、地域社会に安定的な秩序（利害対立が調整される秩序）は構築できていない。こうした状況のため、武力抗争はなく、人々は官による裁判に期待して、訴訟を起こしつづけている社会である。ただ、官による裁判でもなかなか決着がつかず、何度も訴訟が起こされるため、紛争状態が恒常化している。

「武力抗争型紛争社会」とは以下のような社会である。地域社会全体に安定的な秩序を築くことができる在地勢力が存在していないため、地域社会で起きた利害対立が地域社会内部では調整されにくい。在地勢力が武力をもっており、官（政府）が治安を維持できず、官による裁判もあまり実効性をもっていない。こうした状況のため、人々が訴訟を起こさず、武力抗争をしている社会である。

「政府主導型安定社会」とは以下のような社会である。地域社会全体に安定的な秩序を築くことができる在地勢力が存在していないため、地域社会で起きた利害対立が地域社会内部では調整されにくい。しかし、官（政府）が地域社会全体に安定的な秩序（利害対立が調整される秩序）を構築している。在地勢力が武力をもっておらず、官が治安を維持している。そのため人々が武力抗争をする状態や訴訟が多発する状況はみられない。まれに紛争が起きても、官による裁判で円滑に処理されている。こうした状況のため、人々はあまり訴訟を起こさず、武力抗争もしていない社会である。

「在地主導型安定社会」とは以下のような社会である。特定の在地勢力が地域社会全体に安定的な秩序を築いているため、地域社会で起きた利害対立は地域社会内部で調整（解決）されている。在地勢力が治安の維持をしており、官（政府）は治安の維持にはあまり関与していない。こうした状況のため、人々が訴訟も起こさず、武力抗争もしない社会である。

以上で示した「理念的類型」は、あくまで「理念的」な社会秩序像であり、上記のような社会が現実に存在としていることは想定していない。いわば研究対象とする地域社会の社会秩序の（地域的・時期的）変化の論理の性格・傾向を知るための「指標・手段」といったものである。本書では、結語において、第二～五章の分析内容を踏まえ、この「社会秩序の理念的類型」を用いて、伝統中国の社会秩序に共有される地域的・時期的変化の論理について探求してみたい。

註

（1）『勉斎集』巻六、復江西漕楊通老「大抵江西健訟成風、斫一墳木、則以発塚訴。男女争競、則以強姦訴。指道旁病死之人為被殺、指夜半穿窬之人為強盗。如此之類、不一而足」。

（2）『豫章集』巻一、江西道院賦「江西之俗、士大夫多秀而文、其細民険而健、以終訟為能。由是玉石俱焚、名曰珥筆之民。雖有辯者不能自解免也」。

（3）『夢渓筆談』巻二五「世伝江西人好訟。有一書名鄧思賢、皆訟牒法也。其始則教以侮文、侮文不可得則詐誣以取之。欺誣不可得則求其罪劫之。蓋思賢人名也。人伝其術、遂以之名書。村校中往往以授生徒」。

（4）以下の文献等参照。宮崎市定「宋元時代の法制と裁判機構―元典章成立の時代的・社会的背景―」（『東方学報・京都』二四、一九五四年、後に『宮崎市定全集』一一、岩波書店、一九九二年収録）。郭東旭「宋代之訟学」（『河北学刊』一九八八―二、一九九〇年、後に『宋朝法律史論』、河北大学出版社、二〇〇一年収録）。

（5）『宋会要』刑法二の一五〇・紹興七年九月二十二日の条「明堂赦。訪聞。虔吉等州専有家学教習詞訟、積久成風。脅持州県、傷害善良。仰監司守令、遍出文榜、常切禁止犯者重寘以法」。

（6）『宋会要』刑法二の一五〇・紹興十三年閏四月十二日の条「尚書度支員外郎林大声言。江西州県有号為教書夫子者、聚集児童授以非聖之書。有如四言雑字。名類非一、方言俚鄙、皆詞訟語」。
（7）『元典章』刑部、巻一五、訴訟、越訴「至元二十四年七月。江西行省拠吉州路申。人民詞訟之劇、多有不候本路帰結、越経省府按察司控訴」。
（8）『教民榜文』第二三「両浙・江西等処、人民好詞訟者多。雖細微事務、不能含忍、径直赴京告状。……今後、老人須要将本里人民懇切告誡、凡有戸婚田土門毆相争等項細微事務、互相含忍」。
（9）『御製大誥』三編、代人告状、第三一「天下十三布政司良民極広、其刁頑者雖有。惟江西有等頑民、姦頑到至極之処、変作痴愚。且如郭和卿告王迪淵等四十五名、皆係害民吏・皁隷・豪民、及至提到、其中二十名皆実、一十八名係是虚告。……郭和卿不以前犯為懼、公然代人告状、以致殺身亡家」。
（10）『明宣宗実録』巻二七、宣徳二年四月乙酉の条「江西按察司僉事黄翰言。……民間無籍之徒、好興詞訟、令老疾男婦誣告平人」。
（11）前掲宮崎「宋元時代の法制と裁判機構」。
（12）大澤正昭編著『主張する〈愚民〉たち―伝統中国の紛争と解決法―』（角川書店、一九九六年）「エピローグ」、同『清明集』の世界―定量分析の試み―」（『上智史学』四二、一九九七年）。
（13）小林義廣「宋代吉州の欧陽氏一族について」（『東海大学紀要・文学部』六四、一九九六年、後に『欧陽脩―その生涯と宗族―』、創文社、二〇〇〇年収録）。
（14）程民生『宋代地域文化』（河南大学出版社、一九九七年）第一章第二節、一「南方風俗的基本特点」二「好訟」。
（15）青木敦「健訟の地域的イメージ―一一～一三世紀江西社会の法文化と人口移動をめぐって―」（『社会経済史学』六五―三、一九九九年）。
（16）植松正「元朝支配下の江南地域社会」（『宋元時代史の基本問題』、汲古書院、一九九六年所収）。

植松氏は、上記の論文の中で、「憲宗モンケ・ハンの時代、湖広地方に兀良哈台（ウリャンハタイ）の率いるモンゴル軍が現れて以来、人民は隣接する江西地方に難を避けたであろう。また江東や福建から江西への人口流入もあったと思われる。ここから江西では地域社会内部にさまざまな紛議が生じ、ために好訟の気風とか、頻繁な叛乱の発生など、政府にとって多くの問題をかかえる地域となったものと思われる」と述べている。

（17）陳智超「宋代的書舗与訟師」（『劉子健博士頌寿紀念宋史研究論集』、同朋舎出版、一九八九年所収）。

（18）許懐林『江西史稿（第二版）』（江西高校出版社、一九九八年）第九章、四「好訟・尚巫的風俗」。同「宋代民風好訟的成因分析」（『宜春学院学報・社会科学』二四―一、二〇〇二年）。

（19）草野靖「健訟と書鋪戸」（『史潮』新一六、一九八五年）。

（20）龔汝富「江西古代「尚訟」習俗浅析」（『南昌大学学報・人社版』三三―二、二〇〇二年）。

（21）方志遠「明代吉安的争訟」（『江西経済史論叢』第一輯、一九八九年所収）。

（22）夫馬進「訟師秘本『蕭曹遺筆』の出現」（『史林』七七―二、一九九四年）。

（23）喬素玲「従地方志看土地争訟案件的審判―以広東旧方志為例」（『中国地方志』二〇〇四―七）。

（24）卞利『明清徽州社会研究』（安徽大学出版社、二〇〇四年）。特に第一二章「明清徽州的民事糾紛与民事訴訟」。

（25）熊遠報『清代徽州地域社会史研究』（汲古書院、二〇〇三年）第二部、第三章「村の紛争・訴訟とその解決」。

（26）濱島敦俊「農村社会―覚書」（『明清時代史の基本問題』、汲古書院、一九九七年所収）。

（27）岸本美緒「明末の田土市場に関する一考察」（『山根幸夫教授退休記念明代史論叢』、汲古書院、一九九〇年、後に『清代中国の物価と経済変動』、研文出版、一九九七年収録）。

（28）斯波義信『宋代江南経済史の研究』（販売・汲古書院、一九八八年）序章、二「宋代社会と長江下流域」（一一二頁）、前篇、五「局地的事例」（四二二頁）参照。

（29）John W. Chaffee, *The Thorny Gates of Learning in Sung China: A Social History of Examinations*, Cambridge University Press, 1985. 後にState University of New York Press, 1995. 復刊。中国語訳：『宋代科挙』（東大図書公司、一九九五年）。

（30）前掲許『江西史稿（第二版）』、同「試論宋代江西経済文化的大発展」（『宋史研究論文集』上海古籍出版社、一九八二年所収）。呉金成（訳・渡昌弘）『明代社会経済史研究―紳士層の形成とその社会経済的役割―』（汲古書院、一九九〇年）第二篇、第一章「江西鄱陽湖周辺の農村社会と紳士」。

他に以下の文献などがある。陳文華・陳栄華主編『江西通史』（江西人民出版社、一九九九年）。魏嵩山・肖華忠『鄱陽湖流域開発探源』（江西教育出版社、一九九五年）。施由明『明清江西社会経済』（江西人民出版社、二〇〇五年）。黄志繁『「賊」「民」之間：一二―一八世紀贛南地域社会』（生活・読書・新知三聯書店、二〇〇六年）。

（31）大澤正昭「宋代「河谷平野」地域の農業経営について」（『上智史学』三四、一九八九年、後に『唐宋変革期農業社会史研究』、汲古書院、一九九六年収録）等参照。

（32）前掲斯波『宋代江南経済史の研究』前篇、三「長江下流域の市糴問題」附表「宋代江南の秋苗、和糴の統計」、島居一康「南宋上供米と両税法」（『宋代税政史研究』、汲古書院、一九九三年所収）等参照。

（33）前掲斯波『宋代江南経済史の研究』、前掲大澤「宋代「河谷平野」地域の農業経営について」等参照。

（34）伊藤正彦「中国史研究の「地域社会論」―方法的特質と意義―」（『歴史評論』五八二、一九九八年）、川村康「宋代「法共同体」初考」（『宋代社会のネットワーク〔宋代史研究会研究報告第六集〕』、汲古書院、一九九八年所収）等参照。ただし、川村氏は、紛争が起きない地域における「法共同体」性を有する人間集団の存在の可能性にも言及している。

（35）柳田節子「宋代の父老―宋朝専制権力の農民支配に関連して―」（『東洋学報』八一―三、一九九九年、後に『宋代庶民の女たち』、汲古書院、二〇〇三年収録）。

（36）牛傑「宋代好訟之風産生原因再思考―以郷村司法機制為中心」（『保定師範専科学校学報』一九―一、二〇〇六年）。

（37）中島楽章「累世同居から宗族形成へ―宋代徽州の地域開発と同族結合―」（『宋代社会の空間とコミュニケーション』、汲古書院、二〇〇六年所収）。

（38）前掲濱島「農村社会―覚書」。

（39）中島楽章氏は、「明代の訴訟制度と老人制―越訴問題と懲罰権をめぐって―」（『中国―社会と文化』一五、二〇〇〇年）で、明代の老人制が、宋元時代から試行錯誤が続けられていた長江下流域の「健訟」などの諸問題への対策の帰結として、一定の成果を挙げていたと述べている。

なお、里老人制導入の契機については、例えば以下のような研究がある。伊藤正彦「明代里老人制理解への提言―村落自治論・地主権力論をめぐって―」（『東アジアにおける社会・文化構造と異化過程に関する研究』、平成六―七年度文部省科学研究費研究成果報告書、一九九六年所収）。谷井陽子「明代裁判機構の内部統制」（『前近代中国の刑罰』、京都大学人文科学研究所、一九九六年所収）。伊藤氏は、上記論文の中で、煩雑化していた〈小事〉関係の裁判業務を「回避」するために創出された制度が里老人制であったと述べている。谷井氏は、上記論文において、里老人制は、地方において訴訟の窓口を少しでも増やして拡散させることを目的としていたと考えている。また、中島楽章「元代社制の成立と展開」（『九州大学東洋史論集』二九、二〇〇一年）には、元代の社制と明代の老人制の違いについて、「社長に認められたのは任意的な調停権であり、明代の老人が民事的紛争を強制的に管轄し、懲罰権を行使できたのとは異なる」「社長に認められたのはあくまで民事的紛争の調停権であり、訴訟処理はあくまで地方官の職責であって、（実態はともかく原則としては）社長の関与は認められなかった」とある。

（40）里老人制の研究動向については、三木聰「明清時代の地域社会と法秩序」（『歴史評論』五八〇、一九九八年）、同『明清福建

農村社会の研究』(北海道大学図書刊行会、二〇〇二年)第三部、附篇「明代里老人制の再検討」の補論参照。
(41) 前掲中島「累世同居から宗族形成へ」、同『明代郷村の紛争と秩序』(汲古書院、二〇〇二年)。
(42) 上田信「山林および宗族と郷約—華中山間部の事例から—」(『地域の世界史、一〇、人と人の地域史』、山川出版社、一九九七年所収)。
(43) 前掲三木『明清福建農村社会の研究』第三部附篇「明代里老人制の再検討」。
(44) 前掲三木『明清福建農村社会の研究』第三部附篇「明代里老人制の再検討」。
(45) 仁井田陞「中国の同族部落の械闘」(『中国の農村家族』、東京大学東洋文化研究所、一九五二年所収)。
(46) 北村敬直「清代械闘の一考察」(『史林』三三—一、一九五〇年)。
(47) 鄭振満「清代閩南郷族械闘的演変」(『中国社会経済史研究』一九九八—一)。
(48) 前掲中島『明代郷村の紛争と秩序』。

第二章　宋代信州の鉱山における紛争の構図

はじめに

宋代の江南東路の信州では、第一章で述べたように、「健訟」がみられたとの言説があり、事実、『清明集』には信州で起きた訴訟に関する判決文も多く収録されている[1]。一方でこの信州は、宋代には鉱山業が著しく発展した地としても有名であり、それに関する史料も『宋会要』などに残されている。例えば、『宋会要』食貨一一の四・太平興国八（九八三）年三月の条には以下のような記述がある。

（張）斉賢は転運使に任命されると、江南において（南唐の）承旨だった丁釗を登用して、饒州・信州・処州などの州の山谷の中で、銅・鉛・錫がでる場所を全て知った。そこで、斉賢は諸県の丁男を使ってこれを採掘した。この年は（通常の）数十倍もの鉱物が採れた[2]。

以後、信州では鉱山経営が本格化したらしく、『太平寰宇記』巻一〇七、江南西道、信州、土産の項には金・銅・青碌（孔雀石）・鉛・銀があったとあり、『宋史』巻一八五、食貨志、阬冶には、信州において銀・銅・鉄が生産されていたとある。また、政府の支配下にあった主要な鉱山は、場もしくは冶と呼ばれていたが、『元豊九域志』巻六、江南路、信州の項によれば、上饒県に丁溪場（銀・銅）が、弋陽県に宝豊場（銀）が、貴溪県に黄金場（銀）が、鉛山県に鉛山場（銀）があったことが分かる。本章では、こうした『宋会要』などに残されている関連史料を検証しながら、宋代信州の鉱山における開発のあり方と社会秩序の関係について考察してみることにしたい(3)。

一　鉛山場の設置と発展

宋代の信州では鉱山業が盛んであったが、その中でも特に重要性を増した鉱山とされるのが鉛山場である。この鉱山の成立事情については、『太平寰宇記』巻一〇七、江南西道、信州、鉛山県に「鉛山は県の西北七里のところにあり、又の名を桂陽山と言う。旧経には、山から鉛が採れるとある。信州が置かれたときに銭が鋳造された。人々が採掘して鉛を採るようになり、その鉛の十分の一が徴税されていた」（鉛山在県西北七里、又名桂陽山。旧経云、山出鉛。先置信州之時鋳銭。百姓開採得鉛、什而税一）とあるように、当初は民が採掘し、その採掘量の一割を税として納めさせていたが、同じ箇所に「銅鉛青碌が採れ、もともと鉛場が置かれていて収益があった。もとは宝山にあって、南唐の昇元二（九四〇）年に鵝湖山の郭水の西鄧田阪に移され、役所が置かれた。四（九四二）年になって、上饒・弋陽の両県を分割して場を置き、それは後に県に昇格した。本朝が江南を平定して以降は、朝廷に直属するようになった」（出銅鉛青碌、本置鉛場、以収其利。旧在宝山、偽唐昇元二年、遷置鵝湖山郭水西鄧田阪、即廨署也。至四年、於上饒弋陽二県析以為場、後昇為県。皇朝平江南後、直属朝廷）とあるように、南唐の昇元二年に役所が設置され、同四年に場となり、後に県となり、宋代になって政府が直接経営するようになった。

しかし、しばらくして生産停止になったようで、前掲の史料のように太平興国八（九八三）年三月には、鉱山資源についての調査があり、『宋会要』食貨三三の三によれば端拱二（九八九）年に場が再度設置され、熙寧四（一〇七一）

年再び生産停止となった。しかし、結局、『続資治通鑑長編』巻三五〇・元豊七（一〇八四）年十一月壬寅の条に「提点江浙等路坑冶鋳銭の胡宗師が上申した。信州の鉛山県には銅坑があって、すでに場冶が置かれています。……」（提点江浙等路坑冶鋳銭胡宗師言。信州鉛山県銅坑発、已置場冶。……）とあるように、北宋中期の元豊七年までには場冶が設置され、以後、継続的に政府が鉱山経営を行うようになった。

さて、鉛山場で採掘された鉱物についてであるが、『元豊九域志』巻六、江南路、信州には銀としか書かれていないが、宋代、主流になった鉱物はむしろ銅であった。『宋会要』食貨三四の二一・乾道元（一一六五）年の条には、「（提点坑冶鋳銭司の）李大正が上申した。以前から坑冶の銅課が最も多いところは、韶州の岑水場と潭州の永興場と信州の鉛山場と言われています。これらは三大場と言われています」（李大正言。自昔坑冶銅課最盛之処、曰韶州岑水場、曰潭州永興場、曰信州鉛山場。号三大場）とあり、宋代、鉛山場は、広南東路韶州の岑水場や荊湖南路潭州の永興場と並んで、三大銅場の一つに数えられていた。

では鉛山場ではどのようにして銅が生産されていたのであろうか。宋代の銅生産については、中嶋敏氏がその技術について実証的に明らかにしている。氏の研究によれば、銅の製錬法には乾式法と湿式法の二種類があり、乾式法とは、鉱石を炉に入れて、火熱を加えて製錬する方法のことであり、これによって生産された銅は「黄銅」と呼ばれていたこと、湿式法とは、銅坑の（硫酸銅を含有する）坑内水を煮て胆礬（水溶液）をつくり、それに鉄屑を投入して、電気化学的現象を起こさせて沈殿銅を採集する方法のことで、更にこの方法には胆水浸銅（浸銅）と胆土煎銅（淋銅）という二種類の方法があったこと、これらの方法で生産された銅は「胆銅」と呼ばれていたこと、そして、北宋後期に鉱物資源の涸渇により、乾式法での生産が低下すると、湿式法での生産が主流になっていったことが分かる(4)。鉛山場について見てみると沈括の『夢渓筆談』巻二五に、「信州の鉛山県には苦泉があって、流れて谷川となっている。

その水をとって煮ると胆礬がとれる。その胆礬を煮ると銅がとれる。胆礬を鉄釜でしばらく煮ても銅がとれる」（信州鉛山県有苦泉、流以為澗。挹其水熬之、則成胆礬。烹胆礬則成銅。熬胆礬鉄釜久之亦化為銅）とあるように、加工過程で使用する特殊な水が豊富にあったため、紹聖年間（一〇九四～九七年）に浸銅が開始され、湿式法生産の中心地となっていたことが分かる(5)。

二　鉛山場における紛争と訴訟

では、鉛山場ではどのような鉱山経営が行われていたのであろうか。宋代の鉱山経営は、北宋前期においては、政府が廂兵や罪人に労働をさせて採掘する「労役制」が主流であったが、生産力が上がらなかったため、北宋中期（王安石の変法）以降は、資本と労働力のある者を募集して賃金を与えて働かせる「召募制」や資本と労働力のある者に経営を請負わせる「承買制」が主流になっていった。「承買制」の場合、請負った者は、一定額の鉱物を（税として）役所に納入し、一定額以上の鉱物は役所に買い取ってもらい利益を得ていた。「召募制」や「承買制」では、官が資本を貸与することもあった。また、その他に官が資本を用意し役兵などを使って経営を行う場合もあった(6)。官の募集に応じて採鉱・採炭・精錬の諸作業を行う者は、坑冶戸と言われ、官が直接経営する大鉱山であっても、坑冶戸と官の役兵が併存しており、両者の間には仕事の分担があった(7)。

北宋時代の鉛山場の坑冶戸の状況については、『宋会要』食貨三四の二七・紹興十二（一一四二）年七月十二日の条の敷文閣待制提挙佑神観兼侍講兼同修国史の洪邁の上言で引かれている永康知県余槩の言葉の中に以下のように書かれている。

「耆老」たちはみな言った。昔は坑冶戸が集められて、貌平官山に穴を掘って、（鉱物の）汚れを取って、淋銅が行われ、官の炉で製錬していた。そして、一斤ごとに二百五十銭が支給されていた。当時は、物価がみな安かったので、坑冶戸は多くの利益を得ていた。そのため常に多くの人々が集まり、昼夜採掘して数千万斤の銅と鉛を得ていた(8)。

北宋時代（末期頃）の鉛山場では、坑冶戸に経営を請負わせる体制になっており、経営を請負った坑冶戸は、鉱物（銅・鉛）を役所に買い取ってもらい、その代金により大きな利益を得ていた。このように経営を請負わせる体制の導入を契機に、鉱山経営は、坑冶戸が貨幣入手のために経営を行うという商業的色彩の強いものになっていった。そうした利益を求めて鉛山場には多くの人々が集まっていた。その様子について、江少虞の『事実類苑』巻二一、官政治績、諸監鑪鋳銭には、「信州の鉛山県では量ることが出来ないくらい銅が出ている。つねに十余万人が採掘している。「不逞無頼之徒」が中心地に集まっている。官が買い取っている銅と鉛は数千余万斤ある。余っているものも多い」（信州鉛山県出銅無算。常十余万人采鑿。不逞無頼之徒萃於淵藪。官所市銅鉛数千余万斤。大有余羨）とある。この「十余万人」という数字には誇張があると思われるが、多くの人々が集まっていたのは事実であったと考えられる。また、具体的な内容は分からないが、「不逞無頼之徒」と表現されるものたちがいたことから考えると、集まってきた坑冶戸の中には、鉱山の秩序を乱しかねない人々もいたようである。一方、前掲の史料では、鉱山の状況について「耆老」が答えているが、このことから考えると、坑冶戸の中には、顔役的な存在の「耆老」と呼ばれる人々がいたことが分かる。

こうした坑冶戸たちは鉱物の採掘作業に従事するだけではなく、金属加工業にも関与していた。『続資治通鑑長編』巻二六二・熙寧八（一〇七五）年四月己丑の条には、「信州などには極めてよい鉄があり、極めてよい職人がいる。作られる器はとても精巧である」（如信州等処、鉄極好、匠極工。向見所作器極精）とある。坑冶戸は、鉄を使用して、刀剣や器といった金属製品を製造販売し、自らの経済的基盤の一つとしていた(9)。

以上の状況から考えると、北宋時代の鉛山場では、坑冶戸による商業的な利益（金銭）目的の鉱山経営（鉱物や金属加工品の売却による利益追求を目的とした経営）が活発に行われていたことが分かる。

しかし、南宋初期になると坑冶戸は苦境にたたされ、各地の鉱山経営も低迷した(10)。当時の状況については、同じ『宋会要』食貨三四の二七・紹興十二（一一四二）年七月十二日の条に以下のように書かれている。

数十年来、物価が上昇しているのに、官の買い取り価格は引き上げられなかったので、坑冶戸は利益を得られず、四散してしまった。役兵は、四百人にも及ばなかったので、銅は八から九万斤ほどしか得られなかった。労働力は以前の二百分の一しかない。ゆえに、その生産量も以前とは比べものにならないくらい少ない(11)。

宋代の物価は、北宋初期は低かったものの中期になると上昇し、王安石の変法の頃一時低くなったものの末期には高くなり、南宋になっても上昇傾向にあったとされる(12)。そうした状況下にもかかわらず、役所による買い取り価格がすえおかれたため、坑冶戸の経営・生活は苦しくなり、請負をやめる者が続出し、生産力が低下していった。坑冶戸の中には、金銭を払って食料を購入していたものも多かったはずであるから、金銭収入の減少は、生活に大きな打撃を与えたと思われる。

こうした状況下での当初の政府の対応について、『宋会要』食貨三四の二七・紹興十三（一一四三）年正月二十八日の条の江淮等路提点坑冶鋳銭耿延年の上言には以下のように書かれている。

命令に従って、信州・鉛山県官・鉛山場官・鋳銭司の属官に命令を下し、まず、民戸を募集して、民戸に採掘させ銅を官に納入させようとして、各官を使って、各地に立て札を立てた。しかし、二箇月を経ても、応募する者はいなかった(13)。

このように、鉱山の復興はかなり難航していた。しかしやがて、新たな鉱山復興策が確立することとなった。それについて、『宋会要』食貨三四の一九・紹興二十七（一一五七）年の条には以下のように書かれている。

兼権戸部侍郎陳康伯等が上言した。最近請願があったので、諸路の州県管下の鉱山で閉鎖されて荒廃しているところは、坑冶戸に納入額を決めさせ、各路の提点刑獄司に監視させて、実収の量に従って決めさせ、無理のないようにしてはいかがでしょうか。また、閉鎖されている鉱山の中には、まだ鉱物があるのに、閉鎖されているところがあり、国の収益を損なっています。各路の転運司から州県に命令を出させ、閉鎖された鉱山や新しく開発された鉱山では、人戸を官に来させて経営請負申請をさせるようにし、官の土地は「有力之家」に請負わせ、人戸の土地では所有者に請負わせ、土地所有者が官に経営請負申請をしない場合は、近隣の「有力之家」にそれを告発させて請負わせ、それから一年たったら、官司の指示に従って、納入額を決めさせてはいかがでしょうか。告発した者などや坑冶戸で、自分で資本を用意して採掘製錬し鉱物を官に納入した者は、紹興年間の規定に従って納入額を減免し、それを称えて官職を授けてはどうでしょうか。以上の上言は承認された(14)。

政府は、私有地については、その土地の所有者に請負わせ、官有地については、「有力之家」、つまり、経営を請負えるだけの財力をもつ富民に請負わせるという対策をとった。しかし、私有地の所有者が役所に請負申請をしない、鉱物を納入しない場合は、近隣の富民にそれを告発させたことからみると、実際には、土地所有者が請負申請をなかなかしていなかったことが分かる。坑冶戸が金属加工品の売却に関与していたこともあわせて考えると、物価上昇と買い取り価格のすえおきという厳しい状況下で、坑冶戸の一部は、請負っても利益が少ないので、請負（役所への鉱物の納入）はしないで、鉱物を物価上昇に相応しい高い値段で民間に売却して利益を得ようと画策していたものと考えられる。

また、請負申請をしないものを近隣の富民に告発させる政策を実施したことは、別の角度からみれば、当時の鉱山に財力をもつ富民が多くいたことを意味している。淳熙十三（一一八六）年二月癸亥に書かれた『南澗甲乙稿』巻一六、鉛山周氏義居記にも、「鉛山はまた南にあって、金青があり、宝貨があり、土壌は肥沃で水は豊かで、「大家」が多い」（鉛山又在南、孕金青、殖宝貨、壌厚而泉沃、類多大家）とあり、鉱物資源が豊かな鉛山県には「大家」、つまり、富民が多かったことが分かる。

政府は、買い取り価格をすえおく一方で、自分で資本を用意し規定どおり納入した者は官僚（後掲の史料によればそれは坑冶監官であることが分かる）に採用していただけではなく、規定以上に納入した者は、『宋会要』食貨三四の一九・隆興二（一一六四）年の条に、「鋳銭司が上申した。坑冶監官で一年に金であれば二千両、銀であれば二万両、銅錫であれば四十万両、鉛であれば百二十万斤納入した者は一つ上の官に任命する。知県・通判・県令・県丞で管内の坑冶に課された元の納入額より多く納入できた者には程度に従って恩賞を与える」（鋳銭司言。坑冶監官歳収買金及肆千両、銀及拾万両、銅錫及肆拾万両、鉛及壱伯弐拾万斤者、各転壱官。知・通・令・丞、部内坑冶毎年比祖額増剰者、推賞有差）(15)とあるように昇進もさせていた。こうしたことを考えると、政府は、有能な富民に褒賞を与えることにより、彼らに確実に請負（鉱物の納入）をさせて、鉱山経営の正常化を図ろうとしていたことが分かる。

しかし、こうした鉱山復興策は新たな問題を生んでいた。その事情について、上記の記事よりは若干以前の記事であるが、『宋会要』食貨三四の一七・紹興十三（一一四三）年の条に以下のように書かれている。

臣僚が上言した。もともと東南諸路には多くの鉱山がありましたが、有名無実になってしまったものも少なくありません。近年労働賃金や物価が上昇し、それは以前の数倍になりました。それにより坑冶戸の経営状況は悪化しました。新たに開発された鉱山でも、経営を人戸に請負わせていましたが、経営が悪化し、納入額が満たせず、拘留される者が続出しました。近年朝廷で鋳銭額を増加すべきであるとの提案があり、州県は催促されて閉鎖中の鉱山を復興し、以前の納入額どおりに納めるように求められました。そのため州県は全力をあげて経営を行うようになり、「狡猾之徒」がこの機に乗じて騒ぎを起こし、（他の）人戸の山林を強奪したり、たくさん納入できると嘘の申請をして、官から元手として支給される銭を引き出したり、鉱石が少ないと見るや納入せずに逃げてしまったりしています。こうした嘘の申請に基づいた額が、州県の納入額となってしまったため、減額できず、このことによって納入額を満たせない状況が起こっています。知県や監官は、交替の時期になっても、納入額を満たせず、勤務評定を受けて離任することができないでいます。官僚や胥吏は、罪は逃れられないと恐れおののき違法行為をして、あちこちに手をまわし、銅銭を溶かして納入額に充填せざるをえなくなっています。催促が厳しくなればなるほど違法行為も増加しています(16)。

請負った坑冶戸が納入額を満たせなかった背景には、役所の買い取り価格がすえおかれて、坑冶戸が自分の下で働いている労働者に対して賃金を多く払えなかったため、辞める労働者が続出して、労働者が減少したことがあると思われる。「狡猾之徒」（政府に悪い印象をもたれているので「狡猾之徒」と書かれているが実体としては坑冶戸）が他の坑冶戸の山林を奪っていたことは、よい土地をもつ坑冶戸はそれなりに利益を得ていたこと、また、そのよい土地をめぐって坑冶戸同士が争っていたことを示している。また、坑冶戸の中には、通常の請負では利益をあげられないため、嘘をついて役所から元手として支給される銭を受け取り、それを着服してしまう者もいたことが分かる。

ところで、坑冶戸は争う際に、訴訟（法に訴える）という手段も用いていた。『宋会要』食貨三四の一八・紹興十四（一一四四）年の条には以下のように書かれている。

宰執が戸部の上言を伝えた。諸路の鉱山の中には、長期にわたり採掘され、埋蔵量が減少しているのに、それを考えずに旧来の納入額どおりに納めさせようとしているところがあります。（こうした鉱山では）「無図之人」が競合相手を脅してみだりに告発しており、そのため経営を行っている「有力之家」はかえって不正をして自分が減免を受け、「下戸」に嘘の納入額を負担させています。そこで、現在本当に有名無実と思われる鉱山は、元の納入額と現在の実収額を照らし合わせて新たに納入額を策定させ、各州に金銀の鉱山について報告させています。また、提点刑獄司と転運司に委託して、これを行わせ、嘘の額を無理強いすることのないようにさせ、「有力之家」が裏で頼み込んで免除を受け、「下戸」が害を受けることのないように監視させてはいかがでしょうか(17)。

政府が、近隣の「有力之家」、つまり、富民に、請負申請をしない土地所有者を告発させるように奨励していたことをいいことに、「無図之人」（告発できていることからすると、彼らも実体としては富民なのであろう）が（他の）富民から土地の経営権を奪うために、みだりに告発をしていた。また、富民は、土地を奪われない場合も、買い取り価格がすえおかれたまま、納入を迫られていたため、「下戸」（自分の下で働かせている労働者）に安価な賃金で無理な額の鉱物を提出するように迫っていた。その一方で、富民は、裏に手を回して、不当な免除を受け、自分は損害を受けないように画策していた。

こうした富民同士の争いに起因した紛争は南宋中期になるとより激化していった。鉛山場の例ではないが、南宋中期の両浙東路処州の鉱山の状況について、『宋会要』食貨三四の二九・乾道七（一一七一）年の条には以下のように書かれている。

権発遣処州の姚述堯が上言した。命令により生産を行っている銀銅の鉱山では、生産を始めた際、州が土地所有者に鉱山を採掘させようとしたところ、かえって「豪戸」に請負われてしまいました。また、監官には納入した土地の者などがもっぱら任用されていたため、「豪戸」と監官両者による訴訟合戦になりました。今処州の龍泉などの県には石堰など十箇所の銀山と庫山など九箇所の銅山があり、それぞれ採掘を行っています。銀山は採銀官に作業を監督させ、坑冶戸に納入額を分担させ、銅山は取銅官に作業を監督させ、銀を本にして価格を設定して坑冶戸から買い取らせます。こうすれば、銀を採る者に銅の催促はゆかないし、銅を採る者は銅以外のことは考えなくなることでありましょう。銀山と銅山は監官二名に監視させ、さらに武官二名をやって巡察させ、「土豪」が銭を溶かして（納入額に）充当するような行為をしないようにさせてはいかがでしょうか。以上の上言は承認された(18)。

政府は、基本方針に従って、土地所有者に請負わせようとしたが、その土地からは多くの利益が得られるため、「豪戸」、つまり、一部の富民が工作をして横取りをしていた。それに対して、土地所有者で、多く納入して坑冶監官に採用された者たちがこの富民を訴え、両者の間で訴訟合戦が起きていた。

政府は、富民出身の坑冶監官に富民をはじめとする坑冶戸を統括させて、鉱山経営の正常化を図ろうとしていた。しかし、このように富民による告発などが起きていたことから考えると、当時の鉱山では、坑冶監官による利害調整がうまく機能する状況にはなかったことが分かる。前掲の史料によれば、鉱山には、「耆老」（父老）もいたが、上記の状況からすると、鉱山の状況を把握しているだけで、紛争処理に関しては、あまり指導力を発揮できていなかったと考えざるをえない。また、鉱山を管理するのに坑冶監官だけではなく、武官も動員されていたことからすると、鉱山は、時には、治安問題も発生するような不安定な場でもあったことが分かる。

さて、鉛山場の状況については、『宋会要』食貨三四の二三・嘉定十四（一二二一）年七月十一日の条に以下のように書かれている。

臣僚が上言した。銅の生産で東南より盛んなところはありません。……信州の鉛山と処州の銅廓では、(製錬に使う)胆水が出ます。春夏には熱水のようになり、そこに鉄を入れるとたちどころに銅色に変わってしまいます。極めて良好な鉱山です。しかし、それを管理する検踏坑冶官の胥吏は、貪欲で、重ねて悪事を働いていて、民を大いに苦しめています。そのため「有力之家」はみな経営から離れ、そのため採掘事業は頓挫してしまいました。また、時折、資本を投じて経営を行うことがあっても、もともと請負っている者は労働力と資本を投じているのに利益を得るにいたらず、かえって「譁徒」に邪魔され、さらに胥吏が厳しく召喚して処罰していますので、訴えることができないような有り様です。こうしたことにより鉱山経営は不振に陥ったのです(19)。

鉛山場では、南宋中期頃も鉱物資源は枯渇してはいなかった。そのため、その豊富な鉱物資源をめぐる争いが起きていた。表面的には、胥吏が富民(「有力之家」)の利権を奪っていたということになっているが、胥吏が経営を請負うわけではないので、その背後には、胥吏と結託した富民がいたはずである。そうしたことからすれば、「譁徒」の実体は、胥吏と結託した富民もしくはその富民の手下であると思われる。つまり、胥吏と彼らと結託した富民が、他の富民の利権を奪い、鉱山経営の利益を独占していたものとみられる。

このように胥吏と結託した富民が、鉱物を役所に納入せず、民間に売却して大きな利益を得るようになっていたため、政府の収益が損なわれていた。富民に経営を請負わせ、鉱物を役所に納入させるという政府の基本方針が、胥吏と一部の富民の行為により大きくゆがめられていたと言える。こうした行為がみられたことは、別の角度から考えると、一部の富民(例えば「耆老」など)が主導して鉱山業界全体をとりまとめ、坑冶戸同士の利害調整を行う状態になりにくかったことも示している。

ところで、こうした行為に対して、政府はどのような対応をしていたのであろうか。『宋会要』食貨三四の三七・端平三（一二三六）年の条には以下のように書かれている。

赦にはこうある。諸路の州県にある開発中の鉱山では、道観、寺院、祠廟、官の建物、住民の墓地、墓地周辺の庭園については、法によって告発することと及び官がそれを受理することは認められていないが、聞くところによれば、官司は告発した者が有利になるようにしていて、実際の状況を見極めないので、いざこざが多く発生している。今後は（被害を被った）人戸の越訴を許し、官僚や胥吏で再度訴訟を起こした者は厳重に取り締まるようにせよ[20]。

前述した状況をうけて考えれば、不正な告発をしている者とは、胥吏と結託し、近隣の富民の利権を狙う富民のことであることが分かる。彼らは政府により「豪戸」などと言われていた。役所が不当な告発でも受理していた背景には、先の史料で胥吏のせいで被害者が訴えられないと書かれていることからすると、胥吏による不正工作があったことが分かる。このような状況に対して、政府は、確実に鉱物を納入してくれる富民を中心とした秩序を維持したかったため、被害を受けた富民が上級官庁に越訴を起こすように奨励し、現場の役所の不正に対処しようとした[21]。こうした政府の対応は、上記で考察した鉱山業界のまとまりの弱さをさらに裏付けている。このように、鉱山は坑冶戸（富民）同士が競合相手を告発してその利益を奪う（または利益を守る）という非協調的かつ争奪的なやり方で利益の追求・保持を行っていたため、競合的な社会状態になっていたようである。

ところで、『清明集』には鉛山場のある鉛山県で起きた訴訟沙汰に関する判決文が残されている。判語を書いた官僚は、江東提点刑獄であった蔡杭（号は久軒）で、彼が紹定二（一二二九）年の進士であったことから考えると、鉛山場で紛争が深刻化していた時期とほぼ一致する。その中の『清明集』巻一一、人品門、十虎害民には以下のように書かれている。

本官が以前鉛山県を通った際、そこには程仁、張榷、徐浩、周厚、余慶、詹澄、陳明、周麟、徐濤など「十虎」と呼ばれる者たちがいて、ひどく民を苦しめていると聞いた。県を根城にして酷い悪事で民を苦しめている。……本県の胥吏はよこしまな意図で人を陥れ、財物をつけねらい、財産を掠め取り、他人の荷物を隠して奪おうとしていた。これを無罪とできようか(22)。

また、『清明集』巻一一、人品門、責県厳追にも、「配吏の程偉らがよこしまにかき集めてむごく取り立てている。鉛山県の民は恨みが骨髄まで達していて、彼らを訴える者は後を絶たなかった」（配吏程偉等横斂虐取。鉛山県民怨入骨髄、訟之者不可勝計）と書かれている。このように胥吏が人々から財産を奪い、被害者たちから盛んに訴訟を起こされていた。こうした胥吏の加害行為の具体的な内容について、『清明集』巻一一、人品門、鉛山贓吏には以下のように書かれている。

本官が県に入る前からすでに鉛山県に配吏の程、徐、張、周の四人がいて、民の害となっていると聞いていた。県に入ると人々はかわるがわる彼らを訴えた。徐浩は、官会（会子）を三百貫せびり取ったことで呉興から訴えられ、官会を五百貫せびり取ったことで、劉言から訴えられている。……また長年諸役を意のままに扱っており、民は彼を、虎を見るように恐れ、「焼熱大王」と呼んでいる。……張謹も官会を三二五貫受け取ったことで楊青に訴えられ、官会を二二五貫受け取ったことで徐超から訴えられている。また、曹介祉の訴えは、十八界（会子流通期間の種類）官会三百余貫を張謹ら三人が共に要求したことによるものである。害毒を撒き散らしていて、その残虐で狂暴なさまは狼虎より甚だしい。周厚は、胥吏頭でありながら、賄賂で政を行っており、官会を二百貫せびり取ったことで、王祥から訴えられ、官会を三百貫せびり取ったことで、劉仁から訴えられている。……程偉は、……陰険にも民の利益を奪い、無理やりに人妻二人を我がものとして自分の家に囲い、「月敷局」なるものを設けて、人々から銭を強制的に取っていた(23)。胥吏たちは人々から金銭を奪い、また、賄賂を受け取って行政をゆがめていた。その具体的な内容はここには書かれていないが、被害者たちが多くの官会を所持していたことなどを考えると、鉛山場における胥吏による富民への加害行為とも関係があった可能性は高い。被害を受けた呉興や劉言などの民は民といっても、多くの官会を所持していたことから考えると、富民であったと思われる。

三　鉱物輸送と紛争・訴訟

鉛山場などにおける鉱山業の発達は、当然のことながら鉱山を中心とした鉱物や金属製品の輸送や坑冶戸が消費する物品の流通を活発化させた。以下ではさらに鉱物輸送とそれに携わる人々の状況について考察してみたい。信州の交通路については、『元和郡県図志』巻二八、江南道、信州に「東は衢州まで二百五十里。西北は饒州まで五百里。東南は建州まで五百里〔攷証：建州は五百四十里〕」(東至衢州二百五十里。西北至饒州五百里。東南至建州五百里〔攷証：建州作五百四十里〕)とあり、また、『太平寰宇記』巻一〇七、江南西道、信州に「東は衢州まで二百五十里。南は撫州まで三百二十里。西北は饒州まで陸路で五百里。西北〔元和郡県志作東南〕は建州まで五百四十里」(東至衢州二百五十里。南至撫州三百二十里。西北至饒州陸路五百里。西北〔元和郡県志作東南〕至建州五百四十里)とある。衢州からの交通路は、杭州に至り大運河と接続する。つまり、信州は杭州から鄱陽湖へ至る交通路と福建の建州から来る交通路の接続点に位置していた(24)。

南宋時代になると、『輿地紀勝』巻二一、江南東路、信州、風俗景勝所掲の「上饒志風俗門」に「福建・湖広・江西諸道はすべてこの道に起点がある。昔は幹線路ではなかったが、今は幹線路になっている」（福建湖広江西諸道、悉出其塗。昔為左僻、今為通要）とあるように、この交通路は著しい発展を遂げた。『宋会要』食貨一六の一〇・商税を見ると、交通路の接点にある汭口鎮では六八三貫の商税が納められたと記載されている。

では、そうした交通路を使って、鉱物は具体的にどのように輸送されていたのであろうか。先に述べたように、鉛山場では、鉄を使って銅（胆銅）を製造しており、銅を生産するためには、大量の鉄が必要だった。では、その原料となる鉄はどこから搬入していたのであろうか。『宋会要』食貨三三の二二・二三・各路坑冶興発停閉・鉄坑を見ると、乾道元（一一六五）年に鉄がどこから鉛山場に搬入されていたのかということが分かる(25)。これをもとに作成したものが（表：1）である。

（表：1）鉛山場に鉄を搬入していた県・鉱山

［路］江東、［府州軍］信州、［県］鉛山、［産額＝実収］五万九千斤。

［路］江東、［府州軍］信州、［県］上饒、［産額＝実収］五万斤。

［路］江東、［府州軍］信州、［県］弋陽、［産額＝実収］十万斤。

［路］江東、［府州軍］信州、［県］玉山、［産額＝実収］三万五千斤。

［路］江東、［府州軍］信州、［県］貴渓、［産額＝実収］一万三千斤。

［路］江東、［府州軍］池州、［県］貴池、［産額＝実収］三千二百五十四斤八両。◎

［路］江西、［府州軍］撫州、［県］未詳・東山場、［産額＝実収］十一万七千斤。

［路］江西、［府州軍］隆興府、［県］進賢、［産額＝実収］三千五百四十斤。◎

〔路〕江西、〔府州軍〕江州、〔県〕徳安、〔産額＝実収〕一万三千八百二十四斤五両。◎
〔路〕江西、〔府州軍〕興国軍、〔県〕大冶、〔産額＝実収〕二万四千九百八十八斤。◎
〔路〕淮西、〔府州軍〕舒州、〔県〕懐寧、〔産額＝実収〕一万五千二百八十斤。◎
〔路〕荊北、〔府州軍〕辰州、〔県〕叙浦、〔産額＝実収〕一千百斤。◎
〔路〕荊北、〔府州軍〕辰州、〔県〕辰渓、〔産額＝実収〕二千二百斤。◎
〔路〕福建、〔府州軍〕建寧府、〔県〕浦城・仁風場、〔産額＝実収〕四万斤。
〔路〕浙東、〔府州軍〕処州、〔県〕麗水、〔産額＝実収〕一百斤。
〔路〕浙東、〔府州軍〕処州、〔県〕青田、〔産額＝実収〕一千二百二十斤。

※『宋会要』食貨三三の二〇～二三・各路坑冶興発・鉄坑をもとにして作成した。◎は、鉛山場以外に搬入した鉄も含む数量。

これを見ると分かるように、鉛山場では、信州各県で採掘される鉄はもちろん、江南東路の池州、江南西路の撫州・隆興府・江州・興国軍、淮南西路の舒州、荊湖北路の辰州、福建路の建寧府、両浙東路の処州で採掘された鉄が使用されていた。これらの生産地から信州に至る交通路を考えてみると、処州（両浙東路）からの鉄は衢州経由、池州（江南東路）、隆興府・江州・興国軍（江南西路）、舒州（淮南西路）、辰州（荊湖北路）からの鉄は鄱陽湖経由、撫州（江南西路）からの鉄は陸路で貴渓県に接続する交通路、そして建寧府（福建路）からの鉄は福建方面からの交通路を使用していたことが分かる。

さて、以上のようにして搬入された鉄を使って、鉛山場で「胆銅」が生産されるのであるが、それは銅銭の原料となっていた。そこで、信州産の銅を使用して銭を鋳造していたところについて表にしたのが、以下の（表：2）であり、この表から鉛山場で生産された「胆銅」は隣州である饒州の永平監及び厳州（両浙東路）の神泉監に搬入されていたことが分かる。

（表：2）信州で生産された銅と鉛の送り先

〔鉱山〕鉛山場、〔種類〕胆銅、〔産額＝実収〕九万六千三百三十六斤、〔輸送先〕江東・饒州永平監、浙東・厳州神泉監。

〔鉱山〕鉛山場、〔種類〕鉛、〔産額＝実収〕十一万五千二百六十七斤、〔輸送先〕江東・饒州永平監、浙東・厳州神泉監。

〔鉱山〕宝豊場、〔種類〕黄銅、〔産額＝実収〕二十斤、〔輸送先〕江東・饒州永平監。

※『宋会要』食貨三三の一九～二〇・各路坑冶興発停閉・銅坑、三三の二三～二五・各路坑冶興発停閉・鉛坑をもとにして作成した。

このことについて『宋会要』食貨三四の二五・淳熙元（一一七四）年七月十日の条には、「提点坑冶鋳銭司が上申した。信州の鉛山場では胆水で鉄を浸して銅を作っている。二千斤をひとくくりにして、信州の汭口鎮から船を使って運び、饒州の永平監で鋳造を行っている」（提点坑冶鋳銭司言。信州鉛山場所産胆水浸鉄成銅。毎発二千斤為一綱、至信州汭口鎮用船転発、応副饒州永平監鼓鋳）とあり、鉛山場から近い汭口鎮で船に搬入され、信江を下って饒州へと運搬されていたことが分かる。おそらく厳州へも汭口鎮より衢州を経由して輸送されたものと考えられる。また、

（表：2）を見ると分かるように、鉛山場で採掘される鉛や弋陽県の宝豊場から採掘される黄銅も上記の交通を使用して、各々の鋳銭監に搬入されていた。

つまり、江西・江東・浙東・福建の四つの方面より鉄が搬入され、鉛山場で生産された銅が江東と浙東へ搬出されるという鉱物輸送の経路があったのである。こうした状況からみると、宋代の信州では、鉱山を中心に鉱物の輸送活動が活発化していたことが分かる(26)。では、こうした鉱物輸送はどのように行われ、また、それをめぐってどのような状況が展開していたのであろうか。北宋時代の穀物輸送、つまり漕運については、当初は官船による輸送が中心であったが、民間の商業や運輸業の発達に伴い、経営を民間に請負わせるようになり、富民が多く経営に携わるようになっていた。そして、客船（民間の輸送船）の起用が江東を中心に行われるようになり、南宋になるとそれは拡大していった(27)。また、宋代、政府は務や場を関や渡にも置いて、商人から商税を徴収していたが、そうした税の徴収業務についても、請負制があり、「土豪」「豪民」と呼ばれる富民たちが独占する場合もしばしば見られた(28)。このような状況を考えると、信州で活発化した鉱物輸送にも富民が関与していた可能性は高い。

ところで、宋代、金属製品については、客商（遠距離交易をする商人）が鉄材や鉄製器具の産地に赴き、直接生産者である製鉄業者、または加工業者からその製品を買取り全国的な流通ルートに乗せていた(29)。信州でも、鉱山業と関連して金属加工業が発達していたので、富民を中心とする坑冶戸のところには、各地から商人が集結し、金属製品を買い入れて各地へ運搬していたとみられる。また、一方で坑冶戸は、鉱山経営によって得た銭で、日用生活用品や工具などを購入していたため(30)、各地から来た商人は、鉱山に来て、それらの物品も販売していた。そうした様子について、『続資治通鑑長編』巻八七、大中祥符九（一〇一六）年戊申の条には、「信州の鉛山などの銅山では、咸平年間（九九八～一〇〇三年）の初めより採掘が行われ、商人たちが群がり、役所は一年に五・六万斤の鉱物を買い取っていた」（信州陰（鉛）山等処銅坑、自咸平初興発、商旅競集、官場歳買五六万斤）とある。こうした状況を考えると、鉱山業の発達により、宋代の信州では、鉱山という生産の場・消費の場を中心に物流が活発化していたことが分かる。ところで、『清明集』巻一一、人品門、慢令（蔡杭の判）には、こうした物流の活発化と関連した事件が記述されている。

本官が県に入る際、弋陽県の胥吏の楊宜と彭信が不法に民を害していると聞いていた。県に入るに及んで、民の陳有らが凡そ二十九の訴状を出した。轎の前にひれ伏し、哀訴しつづけた。本来ならば両名の胥吏をただちに召喚して配流にすべきであるが、知県は再三、いま物資輸送（綱運）を実施しているので、留め置いてほしいと言ってきた。その後、輸送の準備が終わったので、県が上申してきて、既に別に胥吏頭を遣わして楊宜と彭信はともに立て札をたてて免職にしたと言ってきた。しかし、実際はこの二人は依然として県の権限をほしいままにし、平気で県の役所に出入りしている。……最近、弋陽県の南港渡に、陳家が造った大船があって、渡し場を往来していたが、胥吏の楊宜と彭信が、物資輸送の名目で独占してしまった。そのため、五月十七日に大水が出た時、船頭は小船しか利用できず三十余名もの死者を出すに至った(31)。

輸送船を持っていたことから考えると、ここに出てくる陳家は富民であったと考えられる。この記事だけでは、争ったものの中身は判然としないが、弋陽県が鉄の生産地（表：1）参照）であったことを考えると、その中に、鉱物や金属製品、さらには坑冶戸が必要とするさまざまな物品が含まれていた可能性が高い。胥吏は、富民とそうした物資の輸送をめぐって争い、その輸送手段を奪っていた。その結果、被害を受けた富民が胥吏を訴えていた。しかし、こうした胥吏による大船の奪取と独占は、彼ら自身の実力だけでなせるものではない。実際には運搬作業をその実力のある誰かにやらせなければならないはずである。やはりそれは、特定の富民と結託した上でなされたと思われる。

こうしたことから考えると、安直に断言はできないが、鉱山業の発展に伴って、信州では物資輸送が活発化したが、その物資輸送についても、それによって得られる利益をめぐって富民同士が争うような利害調整がなされにくい状況が出現していた可能性が高いと思われる。

おわりに

宋代の信州では鉱山業が盛んになっていた。その開発は、当初は、「労役制」という政府の影響力が強い体制のもとで進められていたが、生産力が上がらず、中期頃以降、「召募制」や「承買制」（請負制）が実施されるようになった。その結果、周辺地域から利益を求めて、多くの労働者がつめかけるようになった。そうした状況下で、次第に経営を富民（「有力之家」）が請負う体制が形成されていった。富民は、役所に鉱物を買い上げてもらい、大きな利益を得ていた。こうして鉱山では、商業的な利益を目的とした鉱山経営が行われるようになった。しかし、南宋時代には、物価が上昇したにもかかわらず、役所の買い取り価格はすえおかれたため、富民は請負をしないで、民間に鉱物を売却するようになった。ゆえに納入額が減少した。それに対して、政府は土地をもつ富民に鉱物の納入を義務付けさせ、土地をもっていながら、鉱物を納入しないものは、近隣の富民に告発させるようにした。また、官有地も富民に請負わせ、多く納入したものは坑冶監官に採用する政策を実施した。そして、政府は、富民出身の坑冶監官に富民を統括させる体制を構築することにより、鉱山経営の正常化を図ろうとしていた。

しかし、事は政府のおもわくどおりにはなかなか進まなかった。政府の期待に応えて、鉱物を納入し、坑冶監官に採用される富民がいる一方で、請負逃れをした土地持ち坑冶戸に対する告発が奨励されたことをよいことに、一部の富民が他の富民を不当に告発して、その土地を奪うようになった。それに対して、被害を受けた富民がまた訴訟を起こすようになった。このように富民同士が利益をめぐって争い、その争いが富民同士では解決されず、訴訟に発展していた。このことは、鉱山における富民同士の連帯性の低さ、まとまりの弱さを示している。政府から富民の統括を期待されていた坑冶監官や顔役である「耆老」（父老）も、坑冶戸同士の利害調整や紛争解決に関しては、あまり指導力を発揮できていなかった。政府は、坑冶監官が指導する安定的な体制の構築を目指していたようであるが、坑冶戸同士の利害調整力の弱さと政府による不正告発の奨励の相互作用により、結果的に、訴訟が頻発するような社会状況になっていた。こうした特徴は、鉱山だけではなく、鉱山業の発展に伴って発達した物資輸送の携わる人々同士の関係においてもみられた。

以上、本章では、宋代に発展した信州の鉱山における社会状態・紛争の構図についてみてきた。そこからは、商業的な利益を目的とした鉱山経営の展開と坑冶戸同士の非協調的で争奪的な行動のあり方の相乗効果により競合的な社会状態が醸成され、さらにそれと政府による不正告発の奨励の相互作用により、訴訟が多発していた様子がみてとれる。ただ、こうした鉱山における社会秩序が、宋代の経済発展の特色と言えるかと言えば、この内容だけでは断言できない。北宋中期以降の信州の鉱山は、もともと、「召募制」や「承買制」の実施により、周辺地域の人々が金儲けのために自由に出入りするような流動性の高い場であった。生産物の売却を前提とした商業的色彩の強い開発の最前線に人々が集まった時、彼らがどのような仕方で開発を進め、社会秩序がどのような状態になるのか、という問題を考える際には、本章の内容は参考になると思われるが、宋代の経済発展とそれに伴って形成された社会秩序の特色について考察を深めるためには、さらにその主力となった農業について検証してみる必要がある。そこで、以下の章では、そうした農業のあり方について、さらに検証作業を進めてみたい。

註

（1）宋代信州関連の記事が記載されている『清明集』の巻一一、人品門と巻一二～一四、懲悪門については、清明集研究会編『名公書判清明集』（懲悪門）訳注稿《その一～五》（清明集研究会、一九九一～一九九五年、販売：汲古書院）、同編『名公書判清明集』（人品門）注稿《上・下》（同、二〇〇〇、二〇〇二年、販売：汲古書院）参照。
『清明集』は、南宋時代の裁判関係文書集であり、南宋時代の法制や社会を知ることができる一級の史料として多くの研究者により注目され、その内容に関する研究や論争が活発に行われてきた。そうした『清明集』に関する日本における研究状況について整理したものとしては、高橋芳郎「名公書判清明集」（『中国法制史―基本資料の研究』、東京大学出版会、一九九三年、後に『宋代中国の法制と社会』、汲古書院、二〇〇二年再録）や拙稿「『清明集』と宋代史研究」（『中国―社会と文化』一八、二〇〇三年）などがある。

（2）『宋会要』食貨一一の四・太平興国八年三月の条「（張）斉賢任転運使、求得江南偽承旨丁釗、尽知饒信処等州山谷出銅鉛錫処。斉賢即調発諸県丁男採之。是年増数十倍」。
なお、『続資治通鑑長編』巻二四・太平興国八年三月乙酉の条には「初、李氏歳鋳六万貫、自克復、増冶匠、然不過七万貫、常患銅及鉛錫之不給。（張）斉賢乃訪得江南承旨丁釗、歴指饒信虔州山谷産銅鉛錫之所、又求前代鋳法、惟饒州永平監用唐開元銭料、堅実可久、由是定取其法」とある。

（3）宋代の鉱業については、以下の研究に詳しい。中嶋敏「支那の銅鉱業の沿革」（『帝国大学新聞』八五八・八五九、一九四一年、後に『東洋史学論集―宋代史研究とその周辺―』、汲古書院、一九八八年収録）。同「支那に於ける湿式収銅の沿革―主として宋代の胆銅製錬に就いて―」（『東洋学報』二七―三、一九四〇年、後に前掲『東洋史学論集』収録）。同「高宗孝宗両朝貨

幣史」（前掲『東洋史学論集』所収）。同「宋代の鉱業技術」（『月刊高校通信東書日本史世界史』一五四、一九八九年、後に『東洋史学論集続編』、汲古書院、二〇〇二年収録）。千葉煚「北宋の鉱山経営」（『東洋史学論集第二〔中国の社会と宗教〕』、不昧堂書店、一九五四年所収）。同「南宋初期の鉱業」（『東洋史学論集第三』、不昧堂書店、一九五四年所収）。古林森廣「製鉄業と鉄加工業」（『宋代産業経済史研究』、国書刊行会、一九八七年所収）。王菱菱「論宋代的礦冶戸」（『宋史研究論集』、河北大学出版社、一九九〇年所収）。同「宋代礦冶経営方式的変革和演進」（前掲『宋史研究論集』所収）。同『宋代礦冶業研究』（河北大学出版社、二〇〇五年）。

なお、宋代江西地域の鉱業については、許懐林「宋代江西的銅礦業」（『宋史研究論文集』、浙江人民出版社、一九八七年所収）がある。本論文の分析は、上記の研究に負うところが大きい。

（4）前掲中嶋「支那に於ける湿式収銅の沿革」、前掲同「高宗孝宗両朝貨幣史」参照。

（5）前掲中嶋「支那に於ける湿式収銅の沿革」には、鉛山場の胆銅生産について、「坑戸を招集して胆土を取り淋銅を行い、製錬は官の兵匠が行ったようである」と書かれている。また、鉛山場での浸銅の開始について、中嶋氏は、諸史料の記述に差異があり、「いずれが正しいか詳らかにし難いが、紹聖年間の事である」と書いている。

（6）前掲千葉「北宋の鉱山経営」、前掲王「論宋代的礦冶戸」、前掲同「宋代礦冶経営方式的変革和演進」、前掲同『宋代礦冶業研究』参照。

（7）前掲千葉「北宋の鉱山経営」には、「いわゆる「坑冶戸」と同義語的に使われる文字に、坑炉戸・坑戸・炉戸、或いは冶戸などの文字がみられるが……当時の坑戸は採掘も製錬も兼ねているので、つまり坑戸＝坑冶戸＝坑炉戸でもあったのであろう」とある。また、前掲王「論宋代的礦冶戸」では、坑冶戸を上等・中等・下等に分類している。

（8）『宋会要』食貨三四の二七・紹興十二年七月十二日の条「耆老皆云。昔係是招集坑戸。就貌平官山鑿坑、取垢淋銅、官中為置炉烹煉。毎一斤銅支銭二百五十。彼時百物俱賤、坑戸所得有贏。故常募集十余万人、昼夜採鑿得銅鉛数千万觔」。

（9）前掲王「論宋代的礦冶戸」、前掲同「宋代礦冶経営方式的変革和演進」、前掲古林「製鉄業と鉄加工業」、前掲同『宋代礦冶業研究』参照。

（10）なお、鉱業の不振の原因について、前掲中嶋「高宗孝宗両朝貨幣史」では、鉱山資源の枯渇、経営の失当、国土の縮小、戦乱と騒乱という四つの原因があったとしている。

（11）『宋会要』食貨三四の二七・紹興十二年七月十二日の条「数十年以来、百物翔貴、官不増価収買、坑戸失利散而之他。而官中兵匠不及四百人、止得銅八九万斤。人力多寡相去幾二百倍。宜乎、所得如是之遼絶也」。

（12）全漢昇「北宋物価的変動」「南宋初年物価的大変動」「宋末的通貨膨脹及其対於物価的影響」（『中国経済史論叢』一、新亜研究所、一九七二年所収）、井上正夫「宋代の国際通貨―王安石の通貨政策を中心に―」（『経済論叢〈京都大学〉』一五一―一・二・三、一九九三年）参照。

井上氏は、前掲論文で、物価の上昇期には鋳造費用が増加し逆に鋳造は停滞し鋳造量は減少するとしている。

（13）『宋会要』食貨三四の二七・紹興十三年正月二十八日の条「遵稟指揮、行下信州及鉛山県官鉛山場官并本司属官。先次、措置招召民戸、従便採鑿売銅入官、拋逐官、報到各於地頭榜論。経今両月、並無情願応募之人」。

（14）『宋会要』食貨三四の一九・紹興二十七年の条「兼権戸部侍郎陳康伯等言。近有陳請。諸路州県管下坑冶停閉荒廃去処、勒令坑戸、抱認課額。已委逐路提刑司検視相度、以所収多少分数認納不得抑勒。尚慮。有停閉坑冶内、却有宝貨去処、一概作停閉、致減損国課。今措置、欲委逐路転運司行下所部州県。応有停閉及新発坑冶去処、許令人戸経官投陳。官地給有力之家。人戸自己地給付本戸。若本地主不赴官陳告、許隣近有力之家告首、給告人、候及一年成次第日、方従官司、量立課額。其告発人等坑戸、自備銭本採鍊売納入官、従紹興格特与減壱半数目、依全格推賞補官。従之」。

なお、『宋会要』職官四三の一五八・乾道二（一一六六）年四月十二日の条には「已降紹興二十七年正月二十一日指揮。坑戸自備銭本採煉宝貨売納入官、従紹興格、特与減一半数目、依全格推賞補官」とある。

（15）同様な内容の記事は、『宋会要』食貨三四の三六・隆興二（一一六四）年の条、『文献通考』巻一八、坑冶にもある。

（16）『宋会要』食貨三四の一七・紹興十三年の条「臣僚言。伏覩、東南諸路、旧来所管坑冶雖多、其間有名無実者固亦不少。加以近年人工料物種種高貴。比之昔日、増加数倍。是致炉戸難以興工。或有新発坑冶去処、初有人戸買撲、後因破壊産業、拖欠課額、被拘留監繫者甚衆。近者朝廷以人言謂、可以増添鼓鋳銭額、乃督責州県、興復堙廢坑冶、必欲管認旧来銅鉛之数。州県遵承竭力奉行、間有狡猾之徒、乗此搔擾、或欲強占人戸山林、或就官中先借銭本却虚認課額、及至得銭、見礦材微薄、所得不償、便自逃竄。其所認数目、已為州県定額、無由豁除。縁此多有拖欠。知県監官雖已得替、以課額不足、不得放行批書離任、官吏懼罪、不免冒法、多方営求、往往将銭宝銷鎔充補課額。督責愈厳、冒法益甚」。

（17）『宋会要』食貨三四の一八・紹興十四年の条「宰執進呈戸部言。諸路坑冶、其間有興採日久、坑壟深遠、不以歳月、抑令依旧認納去処、及無図之人、挟讎妄行告発、其見興発有力之家、却致作弊減免令下戸虚認。合行措置。今欲、将見今坑冶其間委的有名無実去処、即令照応祖額及見今興採到実収分数、重別立定酌中課額、令逐州開具供申所有金銀坑冶。亦乞、就委提刑転運司、依此施行、不得別致抑勒抱認虚数、仍切覚察毎令有力之家計嘱幸免、却致下戸受弊」。

（18）『宋会要』食貨三四の二九・乾道七年の条「権発遣処州姚述堯言。被旨措置銀銅坑。縁当来銀銅興発之初、本州就令業主開採、却別令豪戸請佃。又所差監官多用本土進納等人、以致互起争訟。今本州龍泉等県見有石堰等銀坑十処、庫山等銅坑九処。合将銀銅分作両所。銀坑即令採銀官監折合、以分数与坑戸。銅坑即令取銅官監烹錬、以銀作本立定価値、就坑戸収買。使採銀者不為銅課之迫、採銅者別無意外之望。両処合差監官両員互相提督、并用監轄使臣両名往来機察。庶無日前土豪稍勾乾没銷毀銭宝之患。〔『方言』、稍勾謂利上取利之意〕。従之」。

（19）『宋会要』食貨三四の二三・嘉定十四年七月十一日の条「臣僚言。産銅之地、莫盛於東南。……又信之鉛山与処之銅廓皆有胆水。春夏如湯、以鉄投之、銅色立変。夫以天造地設顕界坑冶。而属吏貪残、積成蠹弊。諸処検踏官吏大為民殃。有力之家悉従辞避、遂致坑源廃絶、礦条湮閉。間有出備工本為官開淩。元佃之家、已施工力及自用財本起創、未享其利。而譁徒誣脅。検踏官吏方且如追重囚黥配估籍。冤無所訴。此坑冶所以失陥」。

ほぼ同じ内容の記事は『文献通考』巻一八、坑冶にもあるが、『宋会要』の記事の方が若干詳細である。

（20）『宋会要』食貨三四の三七・端平三年の条「赦曰。諸路州県阬冶興発、在観寺祠廟公宇居民墳地及近墳園林地者、在法不許人告、亦不得受理。訪聞、官司利于告発、更不究実、多致擾害。自今許人戸越訴、官吏再訟者、重寘典憲」。

（21）南宋時代の越訴については、郭東旭「南宋的越訴之法」（『河北大学学報・哲社版』一九八八―三、後に『宋朝法律史論』、河北大学出版社、二〇〇一年収録）、青木敦「北宋末～南宋の法令に附された越訴規定について」（『東洋史研究』五八―二、一九九九年）参照。

郭東旭氏は、上記の論文の中で、歴代統治者は越訴を禁止していたが、北宋から南宋にかけて許可され、越訴の法が施行された、南宋の越訴法を施行した統治者の意図は、官吏による人民への違法な加害行為を抑制し、中央集権を強化することにあったが、結果として、それにより人民の民事訴訟権も拡大されたとしている。また、青木敦氏は、上記の論文の中で、北宋末から南宋の越訴について分析し、宋朝は、民戸が上級の監察官に直接訴える道を開くことによって、地方官吏や豪民と一般民戸との紛争の増加に対処しようとしたと述べている。

（22）『清明集』巻一一、人品門、十虎害民「当職昨過鉛山県、聞有十虎、極為民害、如程仁張権徐浩周厚余慶詹澄陳明周麟徐濤等是也。盤拠本県、酷毒害民。……本県吏人輒以私意煅煉、希冀財物、抄估家業、乃併他人行李欲掩而有之、不為無罪」。

（23）『清明集』巻一一、人品門、鉛山贓吏「当職未入境、已聞鉛山県有配吏程徐張周四人、為百姓之害。及入境、則百姓交訟之。

如徐浩乞取官会三百貫、則招呉興陳論、乞取官会五百貫、則招劉言陳論。……覇役年深、民懼如虎、号為焼熱大王。……如張謹接受官会三百二十五貫、則招楊青陳論、接受官会二百二十五貫、則招徐超陳論。又如曹介祉所訴、則張謹三人共討十八界会三百余貫。狼毒酷暴、不啻狼虎。周厚身為典押、政以賄成、乞取官会二百貫、則招王祥陳論、乞取官会三百余貫、則招劉仁陳論。……惟程偉一名、……陰険斡民之利、更強占二婦以居家、創起月敷局、監納無名銭」。

（24）以下の文献等参照。青山定雄『唐宋時代の交通と地誌地図の研究』（吉川弘文館、一九六三年）。江西省交通庁公路管理局編『江西公路史』第一冊・古代道路・近代公路（人民交通出版社、一九八九年）。江西内河航運史編審委員会編『江西内河航運史（古、近代部分）』（人民交通出版社、一九九一年）。

（25）前掲中嶋「支那に於ける湿式収銅の沿革」、前掲千葉「南宋初期の鉱業」参照。

（26）この他の輸送物として特筆すべきものとしては茶がある。茶は信州でも生産されていたが、主には福建の建州（建寧府）で生産された茶が信州の交通路を利用して運搬されたようである。衛博の『定庵類稿』巻四、与人論民兵書には「至於徽厳衢婺建剣虔吉数州、其地阻険、其民好闘、能死而不能屈、動以千百為群、盗販茶塩、肆行山谷、挟刃持挺、視棄軀命、与殺人」とあり、信州に隣接する衢州や建州では、茶商（茶賊）が密売を行っていた。建州から衢州への交通路上に信州が存在することを考えれば、信州においても茶の密売は盛んに行われていたと推測できる。また、劉石吉「明清代江西墟市与市鎮的発展」（『山根幸夫教授退休記念明代史論叢』下、汲古書院、一九九〇年所収）には、清代、建寧府の武夷山で採られた茶が崇安県より鉛山県の河口鎮に搬送され、河口鎮は茶の中継地として繁栄したと書かれている。

（27）大崎富士夫「宋代における漕運運営形態の変革―客船の起用を中心として―」（『史学研究』一〇、一九五二年）、斯波義信「運船業の経営構造」（『宋代商業史研究』、風間書房、一九六八年所収）等参照。

（28）以下の文献等参照。加藤繁「宋代商税考」（『支那経済史考証』下、東洋文庫、一九五三年所収）。梅原郁「宋代商税制度補説」

『東洋史研究』一八―四、一九六〇年)。曾我部静雄「宋代の商税雑考」(『宋代政経史の研究』、吉川弘文館、一九七四年所収)。斯波義信「宋代の力勝税―国家と商業の一関係―」(『宋代商業史研究』、風間書房、一九六八年所収)。大崎富士夫「宋代、税場の買撲について」(『広島修大論集・商経編』一四―一、一九七四年)。

請負(買撲)の方法について上記梅原論文には「実封投状の方法を用い、収税権を入札によって与える」とある。

(29)前掲古林「製鉄業と鉄加工業」参照。

(30)前掲王「論宋代的礦冶戸」、前掲同『宋代礦冶業研究』参照。

(31)『清明集』巻一一、人品門、慢令「当職入境之初、即聞弋陽県吏楊宜彭信不法害民、及入邑境、則百姓陳有等凡二十九状、俯伏轎前、哀訴不已。本即追配、而知県再三以見起綱運護留。後来装綱已畢、本県申来、謂已別差典押、其楊宜、彭信並榜逐矣。実則二人者、覇拠県権、出入県庭自若也、……近者弋陽管下南港渡、自有陳府恰造大船、通済往来、忽被楊宜、彭信以綱運名色、占載行李。五月十七日、大水泛漲、渡子只以小船撑渡、致死者三十余人」。

第三章　宋代江西・江東饒州における農業と訴訟

はじめに

宋代、鄱陽湖周辺、つまり、江南西路の洪州（隆興府）、臨江軍と江南東路の饒州のデルタ地帯は穀物生産が盛んな地域とされていた。例えば、洪州については、『方輿勝覧』巻一九、隆興府形勝所掲「南豊門記」に「この地の耕地は穀物の生産に適しており、税として納められた穀物は首都に輸送されていて、その量は全国一である」（其田宜秔稌、其賦粟輸于京師、為天下最）とある。また、黄震の『黄氏日抄』巻七五、申安撫司乞撥白蓮堂田産充和糴荘には「大江以西の隆興府や吉州などには、みな大きな平野があり、穀物が多くつくられている」（大江以西、隆興吉州等処、皆平原大野、産米居多）とある。このように、洪州は、平原が多く、全国的に見ても穀物生産が盛んな州であると認識されていた。一方、饒州についても、洪邁の『容斎四筆』巻五、饒州風俗に、「嘉祐年間（一〇五六～六三年）に、呉孝宗が書いた「余干県学記」の中には、饒州は、土壌が肥沃で、色々なものが育っている。人々は富裕であり、百金を蓄えても金持ちの仲間に入ることはできないと書かれている」（嘉祐中。呉孝宗子経者、作余干県学記云。……蓋饒之為州、壌土肥而養生之物多。其民家富而戸羨、蓄百金者、不在富人之列）とあり、この地は土壌が肥沃だったので作物が育ちやすかったこと、それにより人々が多くの利益を得ていたことが窺える。

第二章では、宋代信州の鉱山で訴訟が多発していたことを確認したが、本章では、さらに宋代に穀物生産が盛んであった江西・江東饒州のデルタ地帯の農業社会の状況について検証しながら、宋代の経済発展の主力となった農業をめぐる人間関係、この地の農業社会における社会秩序について考えてみたい(1)。なお、本章では、江西・江東饒州のデルタ地帯の農業社会の状況について検証した上で、さらにデルタ地帯とは違う農業が営まれている江西の河谷平野地帯の農業社会の状況についても検証を行い、デルタ地帯と河谷平野地帯の農業社会の状況を比較しながら、宋代の江西における農業社会の性格について考察をしてみたい。また、こうした内容と江西と同様に穀物生産が盛んであった浙西と浙東の状況を比較検討し、宋代の農業社会の特質についても考えてみたい。

一　江西・江東饒州デルタ地帯における農業と訴訟

①デルタ地帯における農業形態

江西と江東饒州のデルタ地帯では、唐代後半より、堤防を建設することにより耕地が作られていた。例えば、洪州のデルタ地帯の状況について、『新唐書』巻四一、地理志、江南道、洪州豫章郡にはこのように書かれている。

南昌県の南には東湖がある。元和三（八〇八）年に刺史の韋丹が南塘斗門をつくり、河川の水量を調節し、陂塘を建設して耕地を灌漑した。……建昌県の南一里のところには防波堤がある。これは会昌六（八四六）年に摂県令の何易于が建設したものである。また、西二里のところにも堤防がある。これは咸通三（八六二）年に、県令の孫永が建設したものである(2)。

ところが、こうしたデルタ地帯では水害もあった。例えば、『宋史』巻四二六、程師孟伝には、「(程師孟が) 知洪州となって、石を積んで川岸に堤防を建設し、章溝をさらい、北に水門をつくって、水位の調節を行ったので、以後、水害がなくなった」（知洪州、積石為江隄、浚章溝、揭北閘、以節水升降、後無水患）とある。このことは、逆に言えば、水利施設が整備される以前には水害が起きていたことを意味している。事実、『宋史』巻四三〇、李燔伝には、「洪州は土地が低い。ある時贛江の水かさが増して堤防が破壊され、長雨で水浸しになった。そこで李燔は路に上申してこれを修繕させた。これより耕地は肥沃な土壌となった」（洪州地下。異時贛江漲而隄壊、久雨輒澇。燔白于帥漕修之。自是田皆沃壌）と書かれている。水害が起きたので、堤防の整備がなされていた。一方、臨江軍のデルタ地帯でも、『宋史』巻四三三、程大昌伝に、「清江県にはもともと破坑と桐塘という二つの堰があり、河川を防いで耕地と宅地約二千頃を守っていたが、のちに堰が壊れたので四十年もの間人々は水害にあっていた。そこで程大昌がその復旧につとめた」（清江県旧有破坑、桐塘二堰、以捍江護田及民居地幾二千頃、後堰壊、歳罹水患且四十年。大昌力復其旧）とあるように、水利施設が建設されてはいたが、その維持は十分ではなく、水害も発生していた。一方、饒州のデルタ地帯については、『新唐書』巻四一、地理志、饒州鄱陽郡に以下のように書かれている。

（鄱陽）県の東には邵父堤があり、東北に三里行ったところには李公堤がある。この堤は建中元（七八〇）年に刺史の李復が河川の水を防ぐために建造したものである。また、東北へ四里行ったところには馬塘があり、北へ六里行ったところには土湖がある。これらは皆刺史の馬植が建造したものである[3]。

このように饒州の鄱陽県では、唐代の時点ですでに水利施設が建設され治水が行われており、堤防だけでなく貯水池も作られていた。また、『太平寰宇記』巻一〇七、江南西道、饒州余干県には以下のように書かれている。

興業水は、またの名を安仁港と言い、（余干）県の南百二十里行ったところにあり、（信州の）貴渓県の西にある漏石村から県を横切って余干江に合流している。……その周辺に居住する人々は県の中で最もそのめぐみに預かっていて、百二十頃もの耕地が潤されている(4)。

このように余干県では、興業水という水路の建設によって、農業が盛んになっていた。以上のことから、饒州の農業が、唐代から宋代における水利施設の建設によって、ある程度発達していたということは確認できる。しかし、それは必ずしも十分に発達していたわけではなかった。『宋会要』食貨五八の五・乾道五（一一六九）年四月十四日の条には、「詔が出された。饒州・信州では、毎年旱魃や水害が発生していて「細民」が食料に事欠いているので、常平義倉の穀物を使って救済せよ」（詔。饒信州連歳旱澇、細民艱食、可出常平義倉米以賑之）とあり、また、同日の条には、「権発遣江南路路計度転運副使の趙彦端などが上申した。私たちは、皇帝陛下の命により、以前より水害が発生している饒州と信州については、お互いに協力して貯蔵してある物資を使って救済してきました」（権発遣江南路路計度転運副使趙彦端等言。臣等近恭奉御筆処分、以饒信二郡嘗有水患、令臣等協力応辦儲蓄賑済）とある。また、『宋会要』食貨五八の九・乾道七（一一七一）年八月二十二日の条には以下のように書かれている。

資政殿学士知建康府の洪遵が上申した。饒州と南康軍の今年の旱魃は異常で、早稲は植えられないし、晩稲も枯れてしまっている。飢えた民は集まって盗賊になっている。江南西路や荊湖南路で行われた救済方法と同じ方法の採用を請願する。これは承認された(5)。

さらに、『後村集』巻七九、与都大司聯御申省乞為饒州科降米状にも、「紹定元（一二二八）年から現在に至る十年間、豊作だったのは八年にすぎず、他の十年は皆水害や旱魃があって租税が免除されている」（自紹定元年至今十八年間、惟八年得稔、而十年皆以水旱減放）とある。このように、南宋時代には、饒州で大規模な水害や旱魃が発生していた。また、元の張伯淳の『養蒙先生文集』巻三、余干陸州記にも以下のように書かれている。

（余干）県の東は鄱陽湖に面している。肥沃な土地が広がっているが、雨が降ると水たまりができる。民は勤勉ではないので困窮してしまう。ゆえに南の広信（宋代の信州）や西の豫章（宋代の洪州）から穀物や糸・麻を搬入している。そのためこの両方の郡にわたって邪悪な行為が横行している。……昔から治めにくい土地であると言われている(6)。

以上の記述を総合して考えると、饒州における水利施設の整備は十分とは言えず、そのため時として水害や旱魃が発生することがあったことが分かる。このように鄱陽湖周辺のデルタ地帯は、唐代以来、度々堤防もつくられていたが、それは十分なものではなく、水害が多い状態であった。

そうした状況下で、人々はどのような農業をしていたのであろうか。例えば、洪州のデルタ地帯の状況について呉泳の『鶴林集』巻三九、隆興府勧農文にはこのように書かれている。

豫章（洪州）の農民は、ただ天のめぐみに左右されているだけである。ゆえにことわざにも、「十年に九年は不作であるが、一度豊作になれば十倍の収穫がある」とある。これが、人々が堕落する原因となっている。勤勉であれば富めるが、怠ければ貧しくなってしまう(7)。

また、饒州のデルタ地帯の状況について、『淳熙新安志』巻二、叙貢賦には、以下のように書かれている。

宣州と饒州の耕地は、見渡しただけで数百畝あり、民は穀物を植え、年に一回しか草取りをしない。適した時に雨が降れば稲と稗が一緒に生えてくる。人々は一年中食料に事欠くことはないし、農作業に力を尽くすこともない(8)。

以上のように宋代の江西や江東饒州のデルタ地帯では粗放なデルタ型の農業が営まれていた。こうしたデルタ型の農業について、大澤正昭氏は、粗放経営を基本とするが、数年に一度は大豊作になり、それによって再生産は十分に維持していけるというあり方であり、それだけ単年度ごとの生産は不安定であったと述べている(9)。このようにデルタ地帯における農業は、土地が肥沃なので、あまり労働力を投下しなくても成り立つようなものであった。ただ、不作の時も多く、単年度ごとの生産量はとても不安定であった。

ではこうした農業に関連してどのような社会状況が展開していたのであろうか。デルタ地帯があった饒州の状況について、『景定建康志』巻二三、城闕志、諸倉、平糴倉所掲「嘉定省劄」には以下のような記述がある。

饒州と信州で以前より生産されている穀物は、夏に谷川の水かさが増すと、人々がそれを売却して利益を貪っているので、多くは長江下流に流出する。少しでも不作になると、秋冬には水が涸れるので、たとえ救援するための穀物があっても、運び入れることはできない(10)。

人々は、豊作の時に、不作の時に備えて穀物を備蓄しておくといった行動はとらず、なるべく収穫物を多く売却して金銭を入手しようとしていた。このことから、人々が穀物の売却という商業的利益を重視した行動をとっていたことが分かる。ただ、穀物の備蓄をしないで困窮していることからすると、これらの行為は完全に「販売目的の栽培」というわけではなかったと言える。前掲の史料に、饒州では飢えた民が盗賊になっている、邪悪な行為が横行しているとあるところをみると、こうした状況下で、人々の生活はより不安定なものになっていたようである。

②民田・官田における紛争の展開

そうした不安定な社会の中で、デルタ地帯では、さまざまな紛争が発生していた。例えば、『建炎以来朝野雑記』甲集巻五、経界にはこのように書かれている。

饒州浮梁県の人が、諸路の租税は経界法の実施によって公平になってきていますが、現在州や県の土地台帳は半ば存在していないので、悪賢い胥吏や「豪民」が勝手に土地の境界を変えて(脱税する)弊害が起きていますと言った[11]。

富民（豪民）の中には、土地台帳が不備なことをよいことに、勝手に土地の境界を変えて脱税をする者が出現していた。こうした問題を解消するために政府が行ったのが経界法である。経界法とは、南宋時代に深刻な問題となっていた税収の減少を改善するために、南宋初期に両浙転運副使の李椿年が提言した政策である[12]。『宋史』巻一七三、食貨志、農田・淳祐十一（一二五一）年の条に、「この年、信州・常州・饒州・嘉興府では経界が実施された」（是歳、信常饒州・嘉興府挙行経界）とあるように、上記の問題を解消するために、饒州でも経界法が実施された。李椿年の提言については、『宋会要』食貨六の三六・紹興十二（一一四二）年十一月五日の条に以下のように書かれている。

両浙転運副使の李椿年が上申した。臣が聞いたところによると、『孟子』（滕文公上）には、「仁政は必ず土地の境界を正すことから始まる」とありますが、井田の法は破壊され、土地兼併の弊害が発生して久しくなっています。さらに、戦火で土地台帳が散逸したため、戸口や租税は、戸部ですら把握することはできない状態になっています。まして州や県では、「豪民」や狡猾な胥吏が、様々な不正行為を行っていて、あるものをないようにし、強者は弱者を併呑しています。また、耕地をもっていても徴税されない者がいる一方で、徴税されているのに耕地をもっていない者もいます。富者は日々土地を兼併していて、貧者は日々困窮しています。これらのことが起こる原因は、土地の境界が正しくないことにあります。こうした土地の境界の曖昧さからくる弊害は十あります[13]。

このように、南宋時代には、他人の土地を兼併する行為が横行していた。富民が勝手に土地の境界を変えていた背景には、富民による土地の兼併があることが分かる。人々はより多くの金銭を得るために、他人の土地を兼併するという協調的ではない（争奪的とも言える）行動をとっていたのである。そうした行為が容易に行われた背景には、デルタ型の粗放な農業であったため、人々があまり協調しなくても農業経営が成り立ちえたということがあると思われる。ところで、宋代の穀物の価格（米価）は、北宋初期は低かったものの、中期になると上昇し、王安石の変法の頃に一時低くなるものの、末期には高くなり、南宋初期に一時低下するものの、再び上昇していった[14]。穀物の価格が高くなれば、穀物を生産する土地の価格（田価）も上昇したはずである。土地兼併が横行した背景には、こうした北宋中期・南宋時代の田価の高騰があったと考えられる。

このような背景のもと、土地兼併が問題化する一方で、富裕な者の中には胥吏と結託して不正工作をし、入手した耕地に税金がかからないようにするものもいた。デルタ地帯が多かった饒州では度々水害や旱魃が発生していたが、『後村集』巻七九、与都大司聯御申省乞為饒州科降米状に「紹定三（一二三〇）年・四（三一）年・五（三二）年・六（三三）年には袁提刑が四度十七万八千余石を免除した。嘉熙三（一二三九）年には史提刑が八万余石免除した。この三年余のうちに、租税の十分の七・八は失われた」（紹定三年四年五年六年袁提刑四次検放十七万八千余石。嘉熙三年史提刑検放八万余石。此三数年内、租税十分之中、失其七八）とあるように、その際租税の免除が行われていた。こうした不作の時に行われる租税の免除に関連して、『宋会要』食貨六一の七四・紹興四（一一三四）年九月十五日の条には、以下のような記述がある。

赦が出された。水害や旱魃のあったところを調査してみると、検放官が全ての耕地に行くことはできないので、胥吏が賄賂を受け取って不正を行っており、（不作の程度が）小規模なのに大規模であるとしたり、（耕地が）あるのにないとしたりしている。また、転運司が租税免除の調査をしぶっているところでは、「貧民」が租税に苦しんで離散して凍えて飢えるような憂いにあっている。今後は、提点刑獄司に監視させて、もし嘘があったならば、摘発して厳しく処罰せよ[15]。

このように、租税の免除額を決める際に胥吏が賄賂を受け取って、贈賄者が有利になるように取り計らうといったことがあちこちで行われていた。では、ここで言う贈賄者とはどのような人々だったのであろうか。劉克荘の『後村集』巻一九二、戸案呈委官検踏旱傷事には、以下のような記述がある。

本官が巡回した州や県では、検旱官の胥吏があちこちで「豪富人」と結託している。租税の免除を実施したところでは、その恩恵の多くは「富強有力之家」に行っていて、「貧民」「下戸」にはあまり行っていない。また、どこでも、それぞれ「姦猾之人」がいて、派遣された胥吏や寨兵に賄賂を贈って虚偽の手続きをしていて、賢い官僚であってもそれを察することはできない。さらに民の耕地は多いので、「主家」や「郷老」もどこが豊作なのか不作なのか特定できない、まして官僚はもとよりその土地についてよく知らないので、実態を知りようがない。轎の中で胥吏や寨兵の言葉を聞くだけで、文書を作成してしまう。……饒州の余干県の今年の「旱禾」について、本官が土地の人と巡回した官僚に聞くと、皆今年は七割しか採れなかったので、三割の損については調査してみな（租税を）免除するようにしたと言っている。恩恵が民に及び、貧富が等しく潤い、役所が租税免除する時に「豪強」が免除を受けて、「貧弱」が免除を受けられないといったことのないようにしてほしいものである(16)。

「豪強」が免除を受けて、「貧弱」が免除を受けられないことのないようにせよと指示が出されていることは、逆に言えば、饒州もそうした事態が起こりかねない状況にあったことを示している。この史料から富民（「豪富人」「富強有力之家」）が、胥吏に賄賂を贈って税の免除を不当に受け、「貧民」（零細な自作農をしている小民のことであろう）が免除を受けられず、税の負担に苦しんでいたことが分かる。上記の史料に郷老がでてくることからすると、農業社会には、顔役的な人々もいたようであるが、その郷老が豊作・不作の場所を把握できていなかったこと、また、「豪強」の不正が横行していたことを考えると、彼らの農業社会における指導力や紛争解決能力は弱いものであったと考えられる。

以上のような一連の富民による土地兼併や脱税を阻止し徴税の正常化を図るために経界法が実施されたわけであるが、曾我部静雄氏は、南宋時代には賦課が過重であったためどれもうまくゆかなかったと述べている(17)。饒州では、経界法の実施以降も、上記のような状況がつづいていたと思われる。ところで、人々が他人の土地を兼併する際には、訴訟という手段も用いられていた。『後村集』巻一九二、饒州州院申徐雲二自刎身死事には以下のような記事がある。

「豪家」が「小民」の財産を兼併しようとする時は、必ず訴訟事件を捏造して、これを脅し取るのである。王叔安は徐雲二の義理の息子の徐辛が買った土地を風水の地にしようと考え、(徐雲二が)勝手に木を伐採したり穀物を盗んだりしたとする事件を捏造して訴訟を起こした。……今現場検証をしてみると、王叔安の山と徐雲二の山の間には隔たりがあり、(問題の)土地には穀物を貯蔵できる倉庫もなかった。(徐雲二が)勝手に木を伐採したり穀物を盗んだりしたとされる事件は皆嘘だったのである。徐雲二は、胥吏と寨兵の脅しに耐えられず、彼のような「貧家」には飯炊き鍋ぐらいしかないのに、それを売って、金を作りそれを寨兵に渡していたが、どうにもならなくなって、自殺してしまったのである。……楽平県は本役所(のある鄱陽県)から百里ぐらいしか離れていない。どうして寨兵が現地へ行って好き勝手に騒ぎを起こしているのを許せようか。王叔安は「豪強」であって、みだりに訴訟を起こして、人を死なせてしまったので、徒刑三年とする。……(楽平)県の胥吏の鄧栄は文書を勝手に操作し、寨兵の周発と周勝は賄賂を受け取って騒ぎを起こしたので、各々脊杖三十として五百里に編管とする(18)。

ここに出てくる寨兵とは、県尉や巡検配下の捕り手のことである。「小民」は「小民」と書かれてはいるが、奪われるだけの土地、しかも奪う価値のある土地をもっていたことから考えると、零細ではあっても「田主」ではあったことが分かる。そうした意味で、富民(「豪家」)が小民から土地を奪うという行為は、「田主」同士の土地争奪戦であったと言うこともできる。また、そうした土地争奪戦をする際に訴訟が起こされていたことからみると、富民であっても、公権力を借りなければ、土地兼併を円滑に行えなかったということが分かる。富民は、胥吏に賄賂を贈って公権力を利用することにより自己の利益を拡大しようとしていたのである。

ところで、上記では、土地兼併についてみてきたが、実は、あえて土地を兼併しないで、勝手に他人の土地で耕作して穀物だけ収穫し、税は払わないという者も多くいた。こうした状況について、李椿年は、前掲の文の別の箇所で、「勝手に他人の土地で耕作した上に租税を納入しない（者がいる）」（人戸侵耕冒佃、不納租税）と述べている。このことから考えると、人々の目的は、あくまで土地の獲得ではなく、その土地から収穫される穀物であったことが分かる。そうしたことから考えると、土地兼併の横行も、一見、人々が土地に執着した結果行われているように思えるが、実は土地の確保が目的ではなく、そこで得られる穀物の入手が目的であったことが分かる。ゆえに、場合によっては、土地兼併はしないで、勝手に耕作して収穫するという行動もとられたのである。デルタ地帯の場合、人々は労働力をあまり投下していないので、土地への執着度は低く、土地より穀物の獲得を重視していたと思われる。

ところで、こうした土地兼併や穀物の略奪行為、脱税行為により被害を受けた人々はそのような事態にどのように対処していたのであろうか。上記の文には、続いて、「（勝手に他人の土地で耕作した上に租税を納入しない者がいる）場合、懸賞によって他の者に告発させるようにすると、告発が多発するようになり、官僚を派遣して処置させると、騒ぎが発生しやすくなる弊害が起きます」（立賞召訴、則起告訐之風、差官括責、則有搔擾之弊）と書かれている(19)。また、李椿年は、別の箇所で、「戦火（靖康の変）があって以降、徴税台帳が不備になったので、農閑期になると、税の不当を訴える者が規模の小さい県でも一日に千を下らない有り様で、騒ぎはやむことはありません」（兵火以来、税籍不足以取信、於民毎遇農務仮開〔頭注：疑暇間〕之時、以税訟者、雖一小県、日不下千数、追呼搔擾、無有窮尽）

と述べている。脱税の横行と税収の減少を解消するために、政府は脱税の告発を奨励していたが、それにより、不当な税を押しつけられた者が盛んに訴訟を起こすようになっていたのである。

デルタ地帯が多かった臨江軍新淦県の父老に向けて黄榦が書いた「新淦勧農文」(『勉斎集』巻三四所掲)にもこのように書かれている。

「田主」や「債主」はともに貪欲に誅求を行い、人をあざむき騙し、「農人」に害を与えている。彼らはなぜ深く均気同体の義と自分の衣食が来たところを考えて、「農人」を救済しようとしないのか。もし「農人」たちの日ごろの願いをとげさせれば、訴訟も起らないし、郷里も静まるであろう(20)。

「農人」が「田主」から搾取されているという状況や「田主」の衣食の費用の出所が「農人」であるということから考えると、「農人」は「田主」の佃戸であったということになる。つまり、「田主」が佃戸を搾取していたということになると思われる。だた、前掲の史料に、「主家」(地主)が自分の土地が豊作なのか不作なのか分からない、また、勝手に他人の土地で耕作する者がいたという記述があることから考えると、「田主」が直接目の行き届かない所有地では、佃戸をして生活をしているような人々が、収穫物を勝手に持ち去ることもあったようである。富民的な「田主」は土地を兼併して、その土地を佃戸に貸して穀物を納入させていたが、実は、他人からの収奪も受けやすい状況にもあったのである。こうしたことから考えると、デルタ地帯の農業社会は、収穫物をめぐって、「田主」(富民もいれば小民もいる)や佃戸が互いに利益をめぐって争い合うような不安定な社会状態にあったと言える。

地方官は、父老に向けて上記のようなことを言って、こうした穀物(やその結果得られる金銭)をめぐる人々の争いの調停を父老がすることに期待していた。しかし、こうしたことを父老が言われていたことは、逆に、当時、父老がそれらの争いを止めるだけの指導力をあまりもっていなかったことを示している。父老や郷老の紛争処理能力が弱かったため、紛争が父老の指導のもとで解決されず、訴訟に発展していたのである。

ところで、以上では民田の状況についてみてきたが、同様な事態は、没官・絶戸田（家の断絶などを理由に、官が没収した耕地）でも起きていた。陸九淵の『象山先生全集』巻八、与蘇宰には以下のような記述がある。

監簿となっていた陳君は、初め江西の地方官となった。そこで彼は次のような状況を目の当たりにした。臨江軍の新淦県、隆興府の奉新県、撫州の崇仁県の三県の間では、請負耕作をさせている没官・絶戸田がある。租課はとても重く、収穫物を全部納めても官に納入するには足りない。そのため佃戸は悪巧みをして、納入せず、胥吏に賄賂を渡して免除を受けようとしている。春夏にむらがってやって来て耕作・収穫したら、秋冬には収穫物を持って逃げてしまう。持ち去ってしまうと、もとより探し出すことはできない。むらがってやって来た時には、多いのを頼んでこばみ、その頑強で狡猾なさまはこのようなものである。そして、善良な者は、租課に苦しみ、ついには離散して、死ぬことになり、耕地も再び荒れ果てることになる。ゆえに勝手に耕作する問題に関する訴訟が多く、公私の弊害が日々増加している[21]。

臨江軍の新淦県、隆興府の奉新県、撫州の崇仁県の三県の間は、デルタ地帯が最も多い地域である。当時官田には、こうした没官・絶戸田以外に、屯田や営田などがあり、そこでは佃戸に請負耕作をさせ、租課を納入させていた[22]。しかし、この地域の没官・絶戸田では租課が重かったので、佃戸が納入できなくなり、佃戸は各々、租課を払わないですむように画策していた。その結果、むらがってやって来て耕作・収穫したら、収穫物を持って逃げる行為や、勝手に他人の耕地を耕作する行為が頻発し、その結果、訴訟も多くなっていた。つまり、人々は租課が高いことから、請負地にはあまり執着せず、むしろそこから収穫される穀物をめぐって争っていた。こうした土地に定着しない農作業が可能であったのは、デルタ型の農業形態であったからであると思われる。ところで、このように租課が重くなった背景についで同じ記事にはつづいてこのように書かれている。

陳君はすでに職事官になっているので、このことを上申して、この耕地を統括して、租課を下げようとした。こうなれば民はきっと納入しやすいだろうし、官にも収入がある。この考え方にはとりたてて悪いところはなかったのであるけれども、路の官庁や州県をへて施行される間に、提案者の主旨が失われ、ついには省額屯田と併せて、一緒に統括され、いいかげんに措置されてしまった。考えるに請負耕作されている没官・絶戸田は、胥吏が臨時に租課を課し、「農民」が互いに租課の額を増やして、剗佃をさせようとしたため、租課が重くなったのである。ゆえに租課を納めないで、ある者は耕地を捨てて逃亡し、またある者は勝手に他人の土地を耕作するようになって、公私ともに害を受けているのである。陳監簿の行った請願は、そのためになされたものだったのである(23)。

このように没官・絶戸田では「農民」同士が互いに租課を多く払うと言っては、剗佃(佃戸の交替)をさせていたため、租課が重くなっていた(24)。「農民」同士は、請負地争いをしながら、利益の追求をしていた。「農民」たちの関心はもともと請負地の持続的な獲得というより、デルタ地帯で豊作の時に得られる大量の穀物の獲得にあった。そして、こうした剗佃は、実は、訴訟を誘発していた。『建炎以来繫年要録』巻一八〇・紹興二十八(一一五八)年七月乙酉の条には、このように書かれている。

詔にはこうある。諸路の没官田は、ならびに売却させる。時にあらゆる州県には荒れた耕地がとても多い。もともと民が請負耕作をすることを許しており、年ごとの利益が多い割に租課が安かった。しかし、次第に租課を増額して現在請負耕作をしている佃戸を追い出す者が現れた。これは剗佃と言われている。そのため訴訟が頻発するようになった(25)。

前掲の史料にも、勝手に他人の請負地で耕作するものがいて、そのことが原因で訴訟が起きていたと書かれているが、こうした記述とあわせて考えると、デルタ地帯の官田では、豊作時に請負地から得られる大きな利益を求めて人々が耕地を争った結果、訴訟が頻発していたということが分かる。

以上検証してきた内容を考えると、江西・江東饒州デルタ地帯の民田・官田では、人々が互いに相手の収穫物を奪うことにより利益を獲得していたため、競合的な傾向の強い不安定な社会状態になっていたことが確認できる。ただ、デルタ地帯の場合、鉱物の採掘と同様に、持続的に土地を使うこと、また、労働力を多く投下することをあまり必要とせずに、穀物の獲得ができた。そうした意味で、もともと人々が流動化しやすく、相互の利害調整がしにくい状況にあった。こうしたことを考えると、労働力を多く投下しなければならない産業に係わる人々がどのような行動をとっていたのかということについて、さらに検証してみる必要がある。そうした理由から本章後半では、さらにより安定度の高い河谷平野型の農業が営まれた宋代江西河谷平野地帯の状況について検証作業を進めてみたいと思う。

二　江西河谷平野地帯における農業と訴訟

①河谷平野地帯における農業形態

宋代、江南西路の贛江中流域に位置する河谷平野地帯は、鄱陽湖周辺のデルタ地帯と並んで穀物生産が盛んな地域とされていた。その中でも特に穀物生産量が多かったのが、吉州と撫州である。例えば、吉州の状況については、前掲『黄氏日抄』巻七五に、「大江以西の隆興府や吉州などにはみな大きな平野があり、穀物が多くつくられている。しかし、本州（撫州）と建昌軍は山が多い州である」（大江以西隆興吉州等処、皆平原大野、産米居多。惟本州与建昌為山郡）とあり、『輿地紀勝』巻三一、江南西路、吉州風俗形勝所掲の「宋晞顔修城状」にも、「吉州の戸数や人口は多く、田賦も多く、その量は江南西路で一番多い」(其戸口繁衍、田賦浩穣、実為江西一路之最)とある。また、同所掲の「唐皇甫湜廬陵県庁壁記」にも、「土地は肥沃で作物は多く、穀物を荊陽に搬出している」(土沃多稼、散粒荊陽)とある。さらに李正民の『大隠集』巻五、呉運使啓にも、「江西の諸郡は、昔から豊かであると言われている。廬陵(吉州)は、とりわけ肥沃であり、一千里の土壌があり、良質米のイネが連なる雲のように(耕地に)広がっていて、四十万石の上納があり、輸送船で河は一杯である。朝廷の重要な収入源となっており、民もこれにより繁栄している」(江西諸郡、昔号富饒。廬陵小邦、尤称沃衍、一千里之壌地、秔稲連雲、四十万之輸、将舳艫蔽水。朝廷倚為根本、民物頼以繁昌)とある。このように吉州は肥沃な土地が多く、穀物生産が盛んであり、人民も多くの利益を得ていた。また、撫州に関しては、謝薖の『謝幼槃文集』巻八、狄守祠堂記に、「撫州は江西の中では富裕なほうである。その耕地の多くは良好であり、陂池川沢の利がある。民はイネや魚を十分食べ仕事を楽しんでおり、治めやすい」(撫於江西為富州。其田多上腴、有陂池川沢之利。民飽稲魚楽業而易治)とあり、曾鞏の『南豊先生元豊類藁』巻一八、擬峴台記にも、「良好な耕地が多い。そのため水害旱魃や害虫による災いが少ない」(多良田。故水旱螟螣之菑少)とあるように、良好な耕地が多く農業が盛んであった。以上のような状況から考えると、宋代江西の河谷平野地帯は、開発が相当進んでいたことが分かる(26)。

では、こうした河谷平野地帯における農業の形態はどのようなものであったのであろうか。以下では、従来の研究を踏まえながら、まず、この点について検証してみたい。河谷平野地帯が多かった吉州の状況について、曹彦約の『昌谷集』巻一九、故利州路提点刑獄陳君墓誌銘には、「陳君(元勲)が永豊県にいたとき、県内の水利を調べさせたところ、もと陂(ため池)だったところを十八箇所ほど発見することができた。そこで、「豪民」を諭して開鑿させ、工事終了後徴発は行わなかった。堤防は整っており、水もますます豊かになった。それにより、二万余頃の耕地が潤されている」（其在永豊時、訪境内水利、得旧陂十有八所。諭豪民併力疏鑿、訖事不擾。隄防既密、水積益富。用以漑田為頃二万有奇）と書かれている。また、王庭珪の『盧渓文集』巻二、寅陂行にはこのような記述がある。安成（安福？）県の西には寅陂があり、耕地一万二千頃を灌漑していた。歳月がたって、役所の土地台帳が紛失したため、「大姓」が独占して、周辺の耕地は不作となった。そこで県丞であった趙君が、「耆老」を尋ねて、陂の跡を全て把握した。河川をさらって、堤防と堰を設け、自らあぜ道を視察して、灌漑する順番について、各々規約を定めて、混乱が起きないようにした(27)。

吉州では、このように陂が建設され、灌漑が行われていた。河谷平野地帯が多かった撫州でも、前掲『謝幼槃文集』巻八、狄守祠堂記に「陂池川沢の利がある」（有陂池川沢之利）とあるように、やはり、陂が作られていた。しかし、このように陂は作られてはいたが、『宋会要』食貨七の四六・紹興十六（一一四六）年十一月の条に、「前知袁州張成己が上申した。江西の良田は、多くは丘陵の上にあり、水利を生かして灌漑をしている。しかし、池塘（ため池）を作ってひでりに備えることはほとんどなされていない」（前知袁州張成己言。江西良田、多占山崗上、資水利以為灌漑。而罕作池塘以備旱暵）とあるように、十分普及しているとは言えない状況であった。

さらにそうした状況下における農業のあり方については、例えば『黄氏日抄』巻七八、咸淳八年春勧農文に、「今撫州では耕作していない荒野が多い。……撫州の働き者は中耕・除草を一、二遍するが、怠け者は全くしない」（今撫州多有荒野不耕。……撫州勤力者、耘得一両遍、懶者全不耘）とある。また、大澤正昭氏が、こうした状況などを分析して、集約的な農業を行う「手作り」地主経営と粗放な農業が併存していたと述べている(28)。ただ、陂塘がつくられ、集約的な農業がある程度は普及していたことを考えると、同時期のデルタ地帯と比べれば、労働力の耕地への投下度が高く、比較的安定した河谷平野型の農業が営まれていたと言える。

②耕地や水利施設・穀物売買をめぐる紛争

ところで、上記のような農業が営まれていた江西河谷平野地帯では、土地交易が活発化していた。例えば、吉州の屯田（官有地の一種）の状況について、『文献通考』巻七、田賦考、官田・政和元（一一一一）年の条には以下のような記述がある。

知吉州の徐常がこのように上奏した。諸路のうち、ただ江西だけに辺境地でもないのに屯田が置かれています。この地の租課は両税に比べて特に重くなっています。というのは、祖宗の時に民間の人々に永業（永代使用）を許していたからです。「移変」をするときは、「立価交佃」という名前でなされていますが、その実態は自己の所有地を典売しているのと同じです。そこで耕作している者は、そこに家屋や墳墓がすべてあります。すでにそれを奪って売りに出すことはできなくなっています。また、「交佃」して久しいので、代々継承されていて、みな価に従って請負耕作をしています。今もし請負耕作している者に買わせたとすれば、一つの土地に対して二つの納入額を要求することになるのでできません。まして、売りに出して税を課すことはなおさらできません。もしそうしたならば、税は租課からきていますので、州は年間八万七千余石の損失になり、上供米を減少させることになります。これでは一時的に利益を得ても、永久に利益を失うことになります(29)。

このように屯田では、佃戸が請負地を長期にわたって耕作しており、「立価交佃」（請負地交易）も進行していた(30)。屯田でこのように土地交易が活発化していることからすると、周辺の民田でも、土地交易が活発化していた可能性が高い。デルタ地帯と比べると人々の土地への執着度は高かったように思われる。こうした状況下で、水利施設に関する紛争が起きていた。楊万里の『誠斎集』巻一二二、新喩知県劉公墓表にはこのような記述がある。

劉公（廷直）は官僚になる前から、哀れみや慈しみを実行に移す意志をもっておられた。安福県の西部にあった寅陂は、毎年耕地一万三千畝を灌漑していた。しかし、「豪右」が独占していたので、「貧民」が害を受けていた。そこで、劉公は水の量を均等にする規約を作成して、官に上申された。それは実施されることになり、現在に至るまで利益がある[31]。

これは、前述した吉州安福県にある寅陂の状況について述べたものであり、前掲『盧渓文集』巻二、寅陂行にある「役所の土地台帳が紛失したため、「大姓」が独占して、周辺の耕地は不作となった」（官失其籍、大姓専之、陂旁之田、歳比不登）という事実のことを言っているものと思われる。これらの記事の内容を整理すると、南宋時代、寅陂が富民（「大姓」「豪右」）に独占され、周辺の「貧民」（零細な自作農をしている小民のことであろう）の耕地に水が行き渡らなくなったため、劉廷直が水の量を均等にする規約を県に上程し、趙県丞が措置を行ったということになる。そこからは、富民が水利施設を独占するという極めて非協調的な行動をとっていたことが浮かび上がる。劉廷直が、富民や小民など寅陂周辺の人々と水利施設の利用方法について話し合い、「水の量を均等にする規約」を決めて、それに従って人々が水利施設を運用するという解決方法をとらず、自分で作成した「水の量を均等にする規約」を役所に上程し、地方官である趙県丞が措置を行ったということは、逆にみれば、当時、この地域では水利施設の自律的かつ協調的な運用が難しい状況にあったことを示している。

つまり、この史料から、農業社会には、劉廷直のように近隣での問題について関心をもちその解決に心を砕く有徳の有力者がいたことが確認できる一方で、彼らには、農業に係わる利害の調整や農業に係わる紛争を解決するための指導力が不足していたことが分かるのである。

ところで、宋代江西の河谷平野地帯では、余剰穀物が市場に大量に売却され、穀物の売買が活発化していた。吉州の状況に関して欧陽守道の『巽斎文集』巻四、与王吉州論郡政書にはこのように書かれている。

舗戸（仲買商）が穀物を売買する理由は、利益があがるからです。彼らはもともと「浮民」であり、最初から自分の家に穀物があるわけではありません。穀物は仕入れに頼っていますので、「富家」が価格をあやつっていて、舗戸はそれに従うだけなのです。……通常これらの「富家」と舗戸はともに穀物を売却しています。「小民」は日々「富家」から穀物を購入しています。すでに「富家」は舗戸を凌いでいて、独占的に穀物の売却価格を吊り上げており、舗戸はこれらの「富家」にほとんど頼っています。穀物が船から搬入されなかった場合などは、彼らから買い入れをして、一時的に不足を補っています。公設市場が開かれる日程が決められてからは、「富家」は需要に応じた穀物を備蓄していて、公設市場が開かれる前には、舗戸や「小民」がやってきても応じません。……しかし、「富家」が普通の価格で穀物を売却すれば、「小民」は十分に買い入れることができるのです(32)。

このように吉州各地で生産された穀物の一部は、富民（「富家」）や「浮民」出身の舗戸が、吉州各地の都市の住民に売却していた(33)。このことから、吉州各地で生産された余剰穀物が県城などの都市に運ばれ、都市民を対象とした穀物売買が活発化していたこと、つまり、商業的な利益追求が活発化していたことが分かる。穀物売買には、富民と「浮民」出身の舗戸が関与していたが、富民は需要に応じた穀物を備蓄していて、公設市場が開かれる前には、舗戸や小民がやってきても応じなかったという状況を見ると、富民や舗戸たちが利害調整のための組織のようなものを作って売買をする状況にはなかったことが分かる。つまり、穀物売買の場では、富民や「浮民」出身の舗戸が互いに駆け引きをしながら利益追求を図っていたのである。そうした状況下では、人々の売買競争が激化していた。前掲『巽斎文集』巻四、与王吉州論郡政書には、当時の地方官が施行した「穀物価格を上げてはならないという禁令」がかえって穀物の流通を阻害し、県城の居住民を苦しめているという論旨のもと、以下のように書かれている。

民間ではよく、「一般に物の値段は、安いと聞けば高くなり、高いと聞けば安くなる」と言われています。廬陵の穀物の値段がこれほど高いという話を聞けば、穀物を持っている人々は、どうしてこの機に乗じて争って赴かないでいられましょうか。そしてもし輸送船が集結すれば、ただちに値段は安くなるのです。考えますに、穀物価格の上昇を禁止しないことは、以前の名知州方が救荒の折に実施した措置です。穀物を売却する人が、誘われてやってきてもこの穀物が隠されることを恐れることはないのです。もし穀物を載せてきても、「生事之徒」から価格を高くして禁令に違反したと言いがかりをつけられて喧嘩をふっかけられれば、高くした分の金銭では訴訟を終らせるだけの費用には足りません。人々はここまで考えて、あえて来ようとはしないのです[34]。

この記事から考えると、穀物は、農協的な組織によって一括して買い上げられ、それが市場に売却されるということはなく、個々の生産者によって市場に売却されていたこと、そして、その際には、人々が穀物をより高い値段で売却しようと激しく競り合っていたことが分かる。そして、売買に係わる者同士が激しい駆け引きを展開していて、売買の場は、「生事之徒」（ごろつき）と呼ばれるような人々が暗躍して、売却する人々との間で紛争が起きるような状態にあったことが分かる。ここでは訴訟費用が足りないので訴訟が起こしにくい状況になっているが、逆に言えば、通常、訴訟費用が捻出できる状況下であったならば、訴訟が起こされていたと思われる。激しい競り合い自体は、一般的に珍しいことではないが、穀物売買の場が上記のように紛争や訴訟が起きやすい状態にあったという点は特徴的な傾向であると考えられる。

ここまで検証してきたことから考えると、デルタ地帯だけではなく、河谷平野地帯でも競合的で不安定な社会状態が出現しやすい傾向があったことが確認できる。こうした社会状態については、曾鞏の『南豊先生元豊類藁』巻一七、分寧県雲峯院記にも以下のような関連のある記述がある。

分寧県の人々は勤勉ではあるが、他人への施しに関してはけちけちしており、義に薄く争いが好きである。これは土地の風俗がそうさせているのである。隆興府の府治から本県までは五百里あり、本県は山間の一番奥に位置している。人々は農業と養蚕の仕事に精を出している。……耕地の高い低い、瘠せたり肥えたりしている状況に応じて、適切な五穀をいろいろとまじえて栽培しているので、荒地はない。……「富者」は耕地を千畝も兼併しており、倉の穀物や金銭は、何年もの間持ち出すことのないほどである。しかし、一銭でも人に与えるくらいなら、命と交換してもよいと思っている。たとえ死んでも人に与えはしない。この地の人々の施しに対する態度がどのようであるかはこれでわかるであろう。お互いの利害となると、ささいなことであっても、父子兄弟夫婦であっても、囲碁を打つ時のように敵味方になってしまう。親族の間でもこのようであるから、義に厚いか薄いかは分かるであろう。年長者も若者も郷里の入り口にむらがり坐って、互いに法律のことを話しあい、おもわくが少しでも違うと互いに相手の悪事を暴き立てて告訴し、徒党を組んであざむきたぶらかし、賄賂を使って官吏の耳目をまどわしている。……この県の人々の訴訟好きは、他の州県と比べられないほどである(35)。

分寧県は、洪州（隆興府）の河谷平野地帯に位置している。以上の内容にはもちろん誇張して書かれているところがあると思われるが、その内容から、この地では農業が盛んな一方で、人々が金銭に執着して、互いに利益をめぐって争い、訴訟合戦が頻発する傾向が見られたことをうかがい知ることはできる。相似する状況にあった吉州の河谷平野地帯でも競合的な傾向の強い不安定な社会状態の中で、人々が訴訟という手段も用いて互いに争うようになっていた可能性が高い。第一章で述べたように、吉州は、宋代に「健訟」が強く認識された地として有名であるが、そうした背景には、この地の農業社会が上記のような状況下にあったことが影響していたと思われる(36)。

おわりに

宋代の江西や江東饒州のデルタ地帯は、穀物生産が盛んな地として有名であったが、そこで営まれていた農業は労働力をあまり投下しなくてもすむ粗放なものであった。豊作の時は多大な収穫があるが、不作がとても多かった。しかし、人々は、豊作の時に、不作に備えて穀物を備蓄することはしないで、売却して金銭を得るという、きわめて商業的色彩の強い穀物の処理の仕方をする傾向がみられた。こうした状況下で、土地争奪戦が展開し、富民が盛んに不正な訴訟を起こして他人の土地を奪うようになった。また、(佃戸が) 勝手に他人の土地で耕作して収穫物を持ち去り、税を払わないという行為も横行していた。デルタ地帯では、労働力の耕地への投下があまりなされていなかったため、人々は耕地よりも穀物の獲得、さらに言えば、それを売却した時に得られる金銭を目当てに互いに争っていたようである。さらに、人々は、穀物を確保する一方でなるべく税は払わないですむように画策していた。その結果、胥吏に賄賂を贈ることができる富民が脱税し、賄賂を贈らない小民の負担は軽減されず、逆に増えるといった事態が展開していた。こうした胥吏の不正や脱税に対処するために、政府は脱税の告発を奨励していた。それを受けて不当を訴える訴訟が多く起こされるようになった。デルタ地帯の農業社会には、郷老や父老などと呼ばれる顔役的な人々もいて、地方官は彼らに富民が他人の土地を奪う行為などをやめさせることを期待したが、政府による脱税告発の奨励が行われたことからも分かるように、彼らには、富民の不正行為をやめさせるだけの、また、土地争いを解決するだけの指導力が不足していた。

以上のようなことから、デルタ地帯の農業社会は、人々が穀物による利益の奪い合いをするような競合的な状態になっていたことが確認できる。それに加えて政府が脱税告発を奨励していたこともあって、人々の争いは郷老・父老の指導の下では解決されずに、訴訟になることが多くなっていた。つまり、訴訟という手段を用いながら人々が争い合う社会状況となっていた。『清明集』巻一二、懲悪門、為悪貫盈に「饒・信の両州はたちの悪い訴訟が最も多い」（饒信両州、頑訟最繁）とあるように、デルタ地帯のある饒州では「健訟」が認識されていたが、その背景には上記のような状況があったと思われる。

こうした傾向は、「農民」の請負により運営されていた官田ではより強くなっていた。「農民」たちは官田で得られる穀物を目当てにむらがり、請負地争いをしていた。ただ、彼らの関心は、請負地の持続的な所有というよりは、その地で得られる穀物の獲得にあったため、請負地争いの結果、租課が高くなると、勝手に耕作して収穫物をもって逃げる行為が横行していた。このように「農民」たちは穀物の獲得をめぐって互いに争っていた。そうした争いの手段として訴訟が盛んに起こされていた。

ところで、本章では江西と江東饒州のデルタ地帯の状況についてみてきたが、宋代には浙西のデルタ地帯も穀物生産が盛んな地域として有名であった(37)。この地域では、囲田の造成（堤防で土地を囲んで耕地を整備する作業、湛水田の乾田化）が進展してはいたが、やはり、デルタ型の粗放な農業が主流であった。また、造成された囲田も、その造成秩序は未整備であったため、不安定な状態にあった。大土地所有が広くみられたが、「手作り」というよりは佃戸に耕作を任せて利益だけ上納させるという商業的な地主経営が行われていた。社会層の構成をみると、中産・自作農層は少なく、ごく少数の大地主層と大多数の下層主戸層からなる社会であった。そうした状況下で、例えば、晁補之の『雞肋集』巻六五、奉議郎高君墓誌銘に、「佃戸が地主に租課を納入するのを惜しんでいたため、訴訟が多かった」

（佃戸靳輸主租、訟由此多）とあるように民田では、佃戸が地主に対して抗租（租の不払い）をしていた[38]。こうした事態に対して、地主は自力では未回収の租を徴収できなかったため、訴訟を起こしていた。つまり、地主（大地主）と佃戸（下層主戸）の間では、「手作り」ではない商業的な地主経営が行われ、両者の関係が希薄になっていたため、両者が穀物（やそれによって得られる金銭）をめぐって争い、その利害調整ができにくい状態となっていた。このように浙西のデルタ地帯でも、江西や江東饒州のデルタ地帯同様、人々が穀物をめぐって争い合う状況がみられた。また、この地では、例えば、楼鑰の『攻媿集』巻三六、吏部員外郎雷潨直煥章閣知平江府に、「（両浙西路の蘇州は）土地が広く産物が豊かで、訴訟が本当に激しい」（地大物阜、訟訴実繁）とあるように、訴訟好きの風潮も認識されていた。こうしたことを考えると、江西に限らず、宋代の経済発展の一翼を担った長江中下流域のデルタ地帯は、訴訟が起きる傾向が強かったように思われる。

ただ、デルタ地帯の場合、鉱物の採掘と同様に、持続的に土地を使うこと、また、労働力を多く投下することをあまり必要とせずに、穀物の獲得ができた。そうした意味で、もともと人々が流動化しやすく、相互の利害調整がしにくい状況にあった。こうした点を考えると、これらの地で人々の争いが起きやすかった原因は、一見、こうした流動的な環境にあるように思われる。しかし、不安定な社会状態は、なにもこうした流動的な環境のもとでのみ出現していたわけではなかった。より安定度の高い河谷平野型の農業が営まれた宋代江西の河谷平野地帯でも出現していた。河谷平野地帯では、陂塘が建設され、集約的な農業も普及していて、デルタ地帯よりは安定した穀物生産が行われていたが、耕地の状況をみてみると、土地交易が活発化していた。そうした状況下で、富民が陂塘を独占するという非協調的な行動をとっていた。有徳の有力者は、陂塘の協調的な運用を目指していたが、彼らの指導力は弱く、問題は地方官の手で解決されていた。また、余剰穀物が市場に大量に売却され、都市の住民にわたるようになって、商業的な利益追求が活発化していた。そのようにして生産された穀物の売却に関しても、富民と「浮民」出身の舗戸が互いに駆け引きをしながら、売買活動を行う状況がみられた。さらには、売買の現場では、紛争や訴訟が起きやすくなっていた。加えて農業が盛んな状況下で人々が金銭に執着し、訴訟合戦をしながら互いに争っていたとする言説も史料には書かれている。こうしたことから考えると、デルタ地帯より安定的な農業が営まれていた江西の河谷平野地帯も、デルタ地帯と同様に、競合的な傾向が強い不安定な社会状態になった結果、訴訟が頻発する社会状況が出現していたようである。

ところで、同時期の両浙東路（浙東）の河谷平野地帯は江西より河谷平野型の農業が進んでいた。社会層についてみてみると、中産・自作農層と下層主戸層が多く、中産・自作農層の人々が小規模な陂塘（ため池）を作って集約的な農業を行っていた(39)。そうした状況下でも実は耕地争いが起きていた。例えば、河谷平野地帯が多かった婺州の状況について、呂祖謙の『呂東萊文集』巻七、朝散潘公墓誌銘には、「婺州の耕地は陂塘が命綱となっており、雨が降らない時は、少しの土地を争って、たたかい倒れる者を目にする」（婺田恃陂塘為命、天不雨、尺競寸攘、闘閲斃踣者相望）とある。また、元末明初の状況についてであるが、宋濂の『宋学士全集』巻六九、元故王府君墓志銘には、「里の中には池塘があり、広さは二十畝ある。姻戚関係にある二つの家がこの耕地を争っていて、しばしば役所に訴訟を起こしているが、決着はついていない。……」（里中有池塘、延袤可二十畝。其二婚家力争之、数訟于有司、不決。……）と書かれている。こうした記述から考えると、河谷平野型の農業がより進んでいた浙東の河谷平野地帯でも、人々が陂塘や耕地をめぐって争うような状況がみられたことが分かる。その一方で、例えば、『清明集』巻一三、懲悪門、資給人誣告に、「（両浙東路の）婺州の東陽県では、かたくなな態度をとりうそをつくことが習俗となっており、人々はたたかいを好み、訴訟を起こすことが、もともと常態となっている」（婺州東陽、習俗頑囂、好闘興訟、固其常也）と書かれているように、この地では、南宋時代に「健訟」も認識されていた。これらのことからすれば、宋代の浙東の河谷平野地帯も人々が争い合うような不安定な社会状態になっていた可能性があると考えられる。

ただ、元代になると婺州（金華）などでは、富民を中心に、自律的な社会秩序建設を目指す動きも出てきた(40)。例えば、檀上寛氏は、元朝の江南には、元朝の江南支配の脆弱性と南人の政治的疎外という要因に基づく腐敗の構造があり、「私利追求型」の富民・地主層の存在が顕著になっていたが、一方で、金華の義門鄭氏など「郷村維持型」の富民・地主層もおり、明朝はこうした「郷村維持型」の富民・地主層に基盤を置く王朝国家建設を目指していたと述べている。こうした富民の動向は、浙東河谷平野地帯の社会秩序に大きな影響を与えたと思われるが、その検証は今後の課題としたい。

註

（1）本章では検証作業を進めるにあたり以下の文献を参照した。斯波義信『宋代江南経済史の研究』（販売・汲古書院、一九八八年）。大澤正昭『唐宋変革期農業社会史研究』（汲古書院、一九九六年）。牟発松『唐代長江中游的経済与社会』（武漢大学出版社、一九八九年）。黄玫茵『唐代江西地区開発研究』（国立台湾大学文学院、一九九六年）。地濃勝利「南宋代の江南西路産米の市場流通について」（『集刊東洋学』三八、一九七七年）。許懐林『江西史稿（第二版）』（江西高校出版社、一九九八年）。

（2）『新唐書』巻四一、地理志、江南道、洪州豫章郡「（南昌）県南有東湖。元和三年、刺史韋丹開南塘斗門、以節江水、開陂塘以漑田。……（建昌）南一里有捍水隄。会昌六年、摂令何易于築。西二里又有隄。咸通三年、令孫永築」。

（3）『新唐書』巻四一、地理志、饒州鄱陽郡「県東有邵父堤。東北三里有李公堤。建中元年刺史李復築、以捍江水。東北四里有馬塘、北六里有土湖、皆刺史馬植築」。

(4)『太平寰宇記』巻一〇七、江南西道、饒州余干県「興業水一名安仁港、在県南一百二十里、発源自貴渓県西漏石村経県、過合余干江。……居人頼其膏沢之利、首冠一境、漑田一百二十頃」。

(5)『宋会要』食貨五八の九・乾道七年八月二十二日の条「資政殿学士知建康府洪遵言。饒州南康軍今歳旱災非常、旱種不入土、晩禾枯槁。両郡飢民聚而為盗。乞検照江西湖南已行賑済体例憑遵施行。従之」。

(6)『養蒙先生文集』巻三、余干陞州記「其東近接彭蠡。雖広袤沃衍、水潦時至則為壑。民不勤且窶。南広信、西豫章、境内穀粟絲枲仰焉。然分乎両郡、姦慝易於出没。……自昔号難治」。

(7)『鶴林集』巻三九、隆興府勧農文「豫章之農、只靠天幸。故諺曰、十年九不収、一熟十倍秋。惰所基也。勤則民富、惰則民貧」。

(8)『淳熙新安志』巻二、叙貢賦「宣饒之田、瀰望数百畝、民相与秔稌之、歳纔一芸、時雨既至、禾稗相依以長、而其人亦終歳飽食、不待究其力」。

(9)大澤正昭「宋代「河谷平野」地域の農業経営について―江西・撫州の場合―」(『上智史学』三四、一九八九年、後に前掲『唐宋変革期農業社会史研究』収録)。

(10)『景定建康志』巻二三、城闕志、諸倉、平糴倉所掲「嘉定省箚」「惟饒信旧来産米、卻縁渓港夏漲、則販鬻貪価、多輸泄於下流。歳事或稍不登、則秋冬水涸、縦使有米接済、亦無逆水可致之利」。

(11)『建炎以来朝野雑記』甲集巻五、経界「饒州浮梁人云。然諸路田税由此始均、今州県坫基簿半不存。黠吏豪民又有走移之患矣」。

(12)曾我部静雄「南宋の土地経界法」(『宋代政経史の研究』、吉川弘文館、一九七四年所収)。土地経界法については、他に周藤吉之「南宋郷都の税制と土地所有―特に経界法との関連に於いて―」(『宋代経済史研究』、東京大学出版会、一九六二年所収)等参照。

宋代(特に南宋)において賦課が過重であったことについては、曾我部静雄『宋代財政史』(生活社、一九四一年、後に大安、一九六六年復刻）参照。また、八木充幸「南宋地方財政の一検討」（『集刊東洋学』四四、一九八〇年）には、地方の財政は、税の加重化・負担能力を無視した上供額の設定等により、正常な運営は困難になっていたとある。

（13）『宋会要』食貨六の三六・紹興十二年十一月五日の条「両浙転運副使李椿年言。臣聞。孟子曰、仁政必自経界始、井田之法壊、而兼并之弊生、其来遠矣。況兵火之後、文籍散亡、戸口租税、雖版曹、尚無所稽考。況於州県乎、豪民猾吏、因縁為姦、機巧多端、情偽万状、以有為無、以彊呑弱。有田者、未必有税、有税者、未必有田。富者日以兼并、貧者日以困弱。皆由経界之不正耳。夫経界之正不正、其利害有十」。

なお、『宋会要』食貨七〇の一二四・紹興十二年十一月五日の条にも同様な記載がある。

（14）米価の動向については、全漢昇「北宋物価的変動」「南宋初年物価的大変動」「宋末的通貨膨脹及其対於物価的影響」（『中国経済史論叢』一、新亜研究所、一九七二年所収）、井上正夫「宋代の国際通貨—王安石の通貨対策を中心に—」（『経済論叢（京都大学）』一五一—一・二・三、一九九三年）等参照。

（15）『宋会要』食貨六一の七四・紹興四年九月十五日の条「赦。契勘水旱災傷、検放官不能遍詣田所、吏縁為姦受賕囑託。或以少為多、或以有為無。或観望漕司吝於検放、致貧民艱於輸納、有流離凍餒之患。今後並委提刑司検察、如有不実、按劾以聞、当議重責」。

（16）『後村集』巻一九二、戸案呈委官検踏旱傷事「当職更歴州県、毎見検旱官吏、所至与豪富人交通。凡所蠲放、率及富強有力之家、而貧民下戸鮮受其恵。又逐郷逐里、各有姦猾之人、与所差官庁下吏卒計囑欺偽、雖賢官員聡明、有不能察。加以民田万頃、極目連接、主家郷老、或不能指定其孰豊孰歉、況見任官素与土俗不相諳、一覧之頃、又何以得其実耶。不過在轎子内咸憑吏卒里胥口説、遂筆之於案牘耳。……如饒州余干県今年旱禾、当職訪之士人与過往官員、皆言今年通収七分之類、却於三分損内斟酌普放一番。庶幾実恵及民、貧富均霑、免使官司有検放之名、豪強受検放之実、貧弱反不在検放之列」。

（17）前掲曾我部「南宋の土地経界法」。

（18）『後村集』巻一九二、饒州州院申徐雲二自刎身死事「豪家欲併小民産業、必捏造公事以脅取之。王叔安規図徐雲二義男徐辛所買山地為風水、遂平空生出斫木盗穀之訟。……今体究官到地頭、王叔安山与徐雲二山既隔渉、又地頭却無倉屋、斫木盗穀二事皆虚。而徐雲二者、不堪吏卒追擾、貧家惟有飯鍋、亦売銭以与寨卒、計出無憀、自刎而死。……楽平距本司僅百余里、豈得擅差寨卒下郷生事。王叔安恃其豪強、妄訟首禍、致人於死、徒三年。……県吏鄧栄舞文妄覆、寨卒周発周勝、受賕擾民、各決脊杖三十、編管五百里」。

（19）『宋会要』食貨六の三九・紹興十二（一一四二）年十二月二日の条には「仍将所隠田没入官、有人告者賞銭并田並給告人」とあり、『宋会要』食貨六の四〇・紹興十五（一一四五）年二月十日の条にも「如有欺隠不実不尽、致人陳告。其隠田畝并水色人並従杖一百断罪。仍依紹興条格将田産尽給告人充賞」とある。

（20）「新淦勧農文」（『勉斎集』巻三四所掲）「田主債主与夫貪黠誅求、侵刻欺詐、以害我農人者。盍亦深思均気同体之義与吾衣食之所自来、相賙相給。使我農人亦得遂其生平之願、争訟不興、里閭安静」。

（21）『象山先生全集』巻八、与蘇宰「其初出監簿陳君、初官江西。因見、臨江之新淦、隆興之奉新、撫之崇仁三県之間、有請佃没官絶戸田者。租課甚重、罄所入不足以輸官。佃者因為姦計、不復輸納、徒賄吏胥以図苟免。春夏則群来耕穫、秋冬則棄去逃蔵。当逃蔵時、固無可追尋。及群至時、則倚衆拒捍、其強梁姦猾者如此。若其善良者、則困於官租、遂以流離死亡、田復荒棄。由是侵耕冒佃之訟益繁、公私之弊日積」。

（22）柳田節子「宋代の官田と形勢戸」（『学習院大学文学部研究年報』二六、一九八〇年、後に『宋代社会経済史研究』、創文社、一九九五年収録）等参照。

（23）『象山先生全集』巻八、与蘇宰「陳既被召為職事官、因以此陳請、欲行責括、減其租課。以為、如此則民必楽輸、而官有実入。

此其為説、蓋末為甚失、其初下之漕台、布之州県、施行之間、已不能如建請者之本旨。遂併与係省額屯田者、一概責括、亦鹵莽矣。蓋佃没官・絶戸田者、或是吏胥一時紐立租課、或是農民遞互増租剗佃、故有租重之患。因而抵負不納、或以流亡抛荒、或致侵耕冒佃、而公私倶受其害。陳監簿之所為建請者、特為此也」。

（24）この剗佃は、地主佃戸論争においてしばしば注目された事象の一つである。例えば、近世的な現象と見る宮崎市定氏の見解や、佃権が発生しない状況下で起きたとする周藤吉之氏の見解、それとは逆に佃権との関連を指摘する草野靖氏の見解などが出されている。

各氏の論文は以下のとおり。宮崎市定「宋代以後の土地所有形体」（『東洋史研究』一二―二、一九五二年、後に『宮崎市定全集』一一、岩波書店、一九九二年収録）。周藤吉之「宋代佃戸の剗佃制―官田を中心として―」（『野村博士還暦記念論文集―封建制と資本制』、有斐閣、一九五六年、後に『唐宋社会経済史研究』、東京大学出版会、一九六五年収録）。草野靖「宋代の剗佃」（『史艸』一一、一九七〇年）。

（25）『建炎以来繫年要録』巻一八〇・紹興二十八年七月乙酉の条「詔。諸路没官田、並令出売。時所在州県間田頗多。旧許民請佃、歳利厚而租軽。間有増租以攘之者。謂之剗佃。故詞訟繁興」。

（26）中島楽章「累世同居から宗族形成へ―宋代徽州の地域開発と同族結合―」（『宋代社会の空間とコミュニケーション』、汲古書院、二〇〇六年所収）には、南宋期の徽州は、累世同居的な大家族が衰退する時期に入っていて、同族内において貧富の差がみられるようになり、同族同士の争いが起きていたこと、吉州などで累世同居がみられたのは唐代以前であったと述べられている。この指摘から考えると、江西の河谷平野地帯は、南宋期にはすでに大家族は崩れ、フロンティア開発は終了期に入っていたと思われる。

（27）『盧渓文集』巻二一、寅陂行「安成西有寅陂、漑田万二千畝。歳既久、官失其籍、大姓専之、陂旁之田、歳比不登。邑丞趙君、捜訪耆老、尽得古跡。洒淩渓港、起堤閼、躬親阡陌、灌注先後、各有繩約、俾不可乱」。

（28）前掲大澤「宋代「河谷平野」地域の農業経営について」参照。

（29）『文献通考』巻七、田賦考・官田・政和元年の条「知吉州徐常奏。諸路惟江西乃有屯田非辺地。其所立租則比税苗特重、所以祖宗時、許民間用為永業。如有移変、雖名立価交佃、其実便如典売己物。其有得以為業者、於中悉為居室墳墓。既不可例以奪売。又其交佃歳久、甲乙相伝、皆随価得佃。今若令見業者買之、則是一業而両輸直、亦為不可。而況若売而起税。税起於租、計一歳而州失租米八万七千余石、其勢便当損減上供。是一時得価、而久遠失利」。

（30）「立価交佃」については、従来、さまざまに解釈されてきた。例えば、周藤吉之氏は、「立価交佃」は佃権の売買を意味していると考え、草野靖氏は、「立価交佃」の対象価銭は、佃作者が佃田に投下した資本・労働を銭額に評価したもの＝佃戸工本銭であると考えた。また、髙橋芳郎氏は、「立価交佃」は田土の価格に基づく承佃者相互の取引行為であると考えた。

各氏の論文は以下のとおり。周藤吉之「宋代官田の佃権売買―資陪又は酬価交佃について―」（『東方学』七、一九五三年、後に『中国土地制度史研究』、東京大学出版会、一九五四年収録）。草野靖『中国近世の寄生地主制―田面慣行』（汲古書院、一九八九年）。髙橋芳郎「宋代官田の所謂佃権について―その実体と歴史的位置―」（『史朋』五、一九七六年、後に『宋代中国の法制と社会』、汲古書院、二〇〇二年収録）。同「宋代官田の「立価交佃」と「一田両主制」」（『東北大学東洋史論集』四、一九九〇年、後に前掲『宋代中国の法制と社会』収録）。

（31）『誠斎集』巻一二一、新喩知県劉公墓表「始公未仕、恤恤然有及物意。安福西寅陂、歳溉田万三千畝。擅於豪右、貧民病之。公為作均水約、上之官。事下至今利焉」。

（32）『巽斎文集』巻四、与王吉州論郡政書「鋪戸所以販糴者、本為利也。彼本浮民、初非家自有米。米所従来、蓋富家実主其価、而鋪戸聴命焉。……尋常此等富家与鋪戸倶糶。小民日糴斗升於富家。既足以殺鋪戸、独糶長価之勢、而鋪戸近有此等富家可恃。

若舡米偶不至、則転糴於此等、亦足以暫時応副鋪面至闕販。勧分定例之後、富家既蓄為応命之需、於是官場未開之先、鋪戸与小民、往叩其門而不応矣。……但得富家出糶価平、小民有処可羅則足矣」。

（33）前掲地濃「南宋代の江南西路産米の市場流通について」参照。

（34）『巽斎文集』巻四、与王吉州論郡政書「市井常言。凡物之価、聞賤即貴、聞貴即賤。人聞廬陵米貴之声如此、彼有米者、豈不願乗此而争趨之。若舡隻流通趨者湊集、則即賤矣。蓋不禁米価、乃前世良守救荒之所已行也。兼糴者、但当誘之使来、不可恐之使匿。彼若米載而来、生事之徒与之喧閧、以増価犯禁告、則所増之銭不足以了訟費。人思及此、豈復肯来」。

（35）『南豊先生元豊類藁』巻一七、分寧県雲峯院記「分寧人勤生而嗇施、薄義而喜争。其土俗然也。自府来抵其県五百里、在山谷窮処。其人修農桑之務。……田高下磽腴、随所宜雑殖五穀、無廃壌。……富者兼田千畝、廩実蔵銭、至累歳不発。然視捐一銭、可以易死。寧死無所捐。其於施何如也。其間利害、不能以稊米、父子兄弟夫婦、相去若奕棋然。於其親固然、於義厚薄可知也。長少族坐里閭、相講語以法律、意嚮小戻、則相告訐、結党詐張、事関節以動視聴。……其喜争訟、豈比他州県哉」。

（36）大澤正昭「中間層論と人間関係論への一視点―九世紀以降の中国社会史把握のために―」（『東アジア専制国家と社会・経済』、青木書店、一九九三年所収）には、水稲作に関する小農民経営について、「宋代以降の生産力諸要因の発達と共に、経営の基盤はより強固になったと見られる。しかし一方、この自立性を強めた小農民経営は、地域的な協同組織―村落共同体―を作り上げることはなかった」とある。競合的な傾向の強い社会状態が醸成された背景には、このような状況があったと思われる。

（37）宋代の浙西デルタ地帯の農業については、多くの研究成果がある。以下の文献等参照。足立啓二「宋代両浙における水稲作の生産力水準」（『文学部論叢〈熊本大学〉』一七、一九八五年）。大澤正昭「「蘇湖熟天下足」―「虚像」と「実像」のあいだ―」（『新しい歴史学のために』一七九、一九八五年、後に「宋代「江南」の生産力評価をめぐって」と題を改め、前掲『唐宋変革期農業社会史研究』収録）。宮澤知之「宋代先進地帯の階層構成」（『鷹陵史学〈佛教大学〉』一〇、一九八五年）。下層主戸とは、零細土地所有者で、請負耕作などで家計を補完している者。主戸とは、税産を有して両税を負担する者。

（38）抗租については、以下の文献等参照。前掲周藤『中国土地制度史研究』。柳田節子「宋代土地所有制にみられる二つの型―先進と辺境―」（『東洋文化研究所紀要』二九、一九六三年、後に前掲『宋元社会経済史研究』収録）。草野靖「宋代の頑佃抗租と佃戸の法身分」（『史学雑誌』七八―一一、一九六九年）。高橋芳郎「宋代の抗租と公権力」（『宋代の社会と文化〔宋代史研究会研究報告第一集〕』、汲古書院、一九八三年、後に前掲『宋代中国の法制と社会』収録）。丹喬二「南宋末江南デルタにおける抗租について―黄震『慈渓黄氏日抄分類』の分析を中心に―」（『史叢〈日本大学〉』三一、一九八三年）。徳永洋介「南宋時代の紛争と裁判―主佃関係の現場から―」（『中国近世の法制と社会』、京都大学人文科学研究所、一九九三年所収）。

（39）以下の文献等参照。渡辺紘良「宋代福建・浙東社会小論―自耕農をめぐる諸問題―」（『史潮』九七、一九六六年）。本田治「宋代婺州の水利開発―陂塘を中心に―」（『社会経済史学』四一―三、一九七五年）。前掲宮澤「宋代先進地帯の階層構成」。上田信「明清期、浙東における生活循環」（『社会経済史学』五四―二、一九八八年）。前掲大澤「宋代「河谷平野」地域の農業経営について」。

（40）以下の文献等参照。濱島敦俊『明代江南農村社会の研究』（東京大学出版会、一九八二年）第一部、明代江南の水利慣行。檀上寛『明朝専制支配の史的構造』（汲古書院、一九九五年）第二部、元・明革命と江南地主の動向。中島楽章「元代社制の成立と展開」（『九州大学東洋史論集』二九、二〇〇一年）。

第四章　宋代明州沿海部における紛争と秩序

はじめに

宋代には、経済の発展に伴って、海上交易も活発化していた。そうした海上交易の中心地の一つとして発展したのが、明州（現在の寧波。のちに慶元府と改称されるが、以下便宜上明州に統一する）である。明州は、唐宋時代に大運河（浙東河）や港が整備されたことにより、遠隔地商業の拠点として発展し、宋代には海上交易を管理する市舶司が設置された。このように商業が発展したことにより、都市が発展し、都市人口も増加していた[1]。一方で、この明州の社会状況については、『輿地紀勝』巻一一、慶元府、風俗形勝所掲の「昼簾堂記」に「（明州の）鄞県の民の起こす訴訟は多く、山陰に比べて十倍もある」（鄞民訟繁夥、十倍山陰）とあるように、訴訟の多さも指摘されていた。さらに、雍正『寧波府志』巻一八、名宦、鄞県、明・李亨に、「洪武三十一（一三九八）年、県令となった。……「三思碑」を彫らせて「好訟」を戒めたところ、訴訟を盛んに起こしていた者たちの多くは悔悟してやめた」（洪武三十一年、県令。……刻三思碑以戒好訟、健訟者多悔悟罷去）とあるように、明代初期の時点でも訴訟好きの社会風潮が認識されていた。第二章では、信州の鉱山において訴訟が起きやすい状況がみられたことを確認し、第三章では、南宋時代に穀物生産の中心地となっていた江西・浙西・浙東の農業社会が訴訟を誘発しやすい性格をもっていたことを確認した。そのことから、宋代の経済発展を支えた産業・経済のあり方が訴訟を誘発しやすいものであったことが分かったが、それが鉱山や農業社会に限ったことなのかどうかということについて、さらに検証してみる必要がある。そこで、本章では、宋代の経済発展を支えた海上交易をめぐる状況について検証してみることにしたい。具体的には、宋代に海上交易が活発化した明州の沿海部における社会秩序について考えてみたい。

一　海上交易の活発化

宋代明州の沿海部の住民たちはもともと漁業により生計を立てていたようである。その様子については、例えば、『宝慶四明志』巻二、銭糧、昌国県、石弄山砂岸・秀山砂岸に、「見たところでは、本府（明州）の海辺の「細民」はもともと資産をもっておらず、漁業をして生活しています。いわゆる砂岸は、彼らがともに漁業をしていた地です」（照得。本府瀕海細民素無資産、以漁為生。所謂砂岸者即其衆共漁業之地也）とあり、『開慶四明続志』巻八、蠲放砂岸にも、「砂岸は海辺の「細民」が漁業をしていた地です。海辺や小島の「窮民」は財産をもっておらず、あみを使って生活をしています」（砂岸者瀕海細民業漁之地也。浦嶼窮民無常産、操網罟資以卒歳）とある。その一方で、住民たちは農産物の栽培・採集もしていた。例えば、『宝慶四明志』巻二、銭糧、昌国県、石弄山砂岸・秀山砂岸には、「竹木や薪炭に対しても税が課されています。豆麦・果物・野菜もみな免除されてはいません」（至竹木薪炭、莫不有征。豆麦果蔬亦皆不免）とあるが、このことは逆に考えれば、竹木・薪炭・豆麦・果物・野菜といったものを得ることにより、住民たちが生計を立てていたことを意味している。このように沿海部（砂岸）で生活していた人々は漁業や農産物の栽培・採集により生計を立てていた。

こうした沿海部において、南宋時代になると、海上交易が盛んになっていった。例えば、『宝慶四明志』巻一四、四明奉化県志、官僚、鮚埼寨巡検にはこのように書かれている。寨は鎮の北五里のところにある。政事を行う場所は漂渓にある。嘉定七（一二一四）年の尚書省箚節文白箚子にはこのように書かれている。奉化県の管下の戦埼袁村は皆大海に面していて、商船が往来し、集まって市をなしている。十数年来、日々繁栄している。「邑人」はこれを臨安と比べて小江といっている。県から五・六十里南にあり、山や海に隔てられている。習俗はもとから荒々しい。「富者」は団を組んで船を出し、「亡頼」を集めて、「客販」を無理に来させている。「貧者」は暴力でもって地方で勢力を強め、時には人を傷つけたり殺したりしている。県は先頃、「有事力者」を選んで、「嶴長」としたが、未だに統制されてはおらず、かえってその武断を強めることになっている(2)。

南宋中期頃の明州奉化県の県治から離れた沿海部では、商船が往来し、市場が形成されていた。そうした場では、富民が交易に関与していた。しかし、彼らが「亡頼」（ごろつき）を集めて、「客販」（地方から来た商人）を無理やりに来させるといった問題や暴力沙汰が起きる状態が出現していた。

二　税場の設置と「砂主」勢力の出現

こうした問題は明州沿海部の各地で起きていた。『宝慶四明志』巻六、雑賦、鄞県桃花渡毎界額銭・定海江南渡毎界額銭には、「私（顔頤仲）が赴任した初めのとき、砂岸と官渡が四明（明州）の災いになっていることを聞きました」（頤仲到任之初首、聞砂岸与官渡均為四明之害）と書かれている。その具体的な内容について、前掲の史料の別の箇所にはこのように書かれている。

当該の府の上申を添付した尚書省の箚子にはこのように書かれている。本府（明州）に属する桃花渡は鄞県の東にあり、定海渡は鄞県の南にある。水路が交差し、陸路が四方に通じ、近くは六県とつながっており、遠くは大洋に出ることができる。ゆえに旅人の往来の拠点、農民や家畜を飼う人が行きかう地となっている。……十数年来、「府第」が請負って勝手に場を置いて店舗を開いている。そして、金銭以外にもさまざまなものが徴収されている。また、荒々しく悪事を働く「無籍之人」が入り込んで、漕ぎ手や船頭となって互いにつるんで人々を虐げ、人々の衣冠を傷つけ、器物を壊し、人を縛り鞭打っている。……ひどく民の害となっている(3)。

旅人の往来の拠点、農民や家畜を飼う人が行きかう地となっているようなところでは、「府第」（官僚の家）が徴税を請負って、不当な徴税をしていた(4)。また、「無籍之人」が流入して悪事を働くような治安の悪化もみられた。徴税の請負にからむ弊害については、明州と同じ浙東の沿海部に位置する温州の事例ではあるが、『宋会要』食貨一八の六・乾道九（一一七三）年五月十六日の条にもこのように書かれている。

臣寮が上申した。温州の平陽県には勝手に置かれた「漁野税鋪」があり、「豪右」が請負っていて、海岸の琶曹小鑊など十箇所あまりのところに鋪が置かれ、海辺の「細民」はみなその害を受けています。先頃戸部が廃止して、すでに三年になっていますが、「豪民」が名を偽り、また「立価承佃」がなされています(5)。

こうした徴税に関する不正については、さらに、『宝慶四明志』巻二、銭糧、昌国県、石弄山砂岸・秀山砂岸にも以下のように書かれている。

淳祐六（一二四六）年二月二十三日の尚書省の箚子に添付された朝議大夫右文殿修撰知慶元軍府事兼沿海制置副使顔頤仲の状にはこのように書かれている。……数十年来、砂岸を勝手にする者が、請負の名を借りて、役所をわずかな利益でたぶらかし、税を理由にして「細民」を搾取するという工作をしています。「文憑」を給付されてしばらくすると、自分の土地のようにみなしています。あるものは立状して「府第」に投献し、またあるものは立契して「豪家」に典売して、その権勢を笠に着て、ほしいままに搾取しています。「艚頭銭」「下莆銭」「曬地銭」といったものがあります。竹木や薪炭に対しても皆税が課されています。豆麦・果物・野菜もみな免除されてはいません(6)。

上記の史料とあわせて考えれば、徴税を請負った地を「府第」の名義にして、その権勢を笠に着て、人々から不当に徴税する者とは、富民（「富者」「豪右」「豪民」）であったことが分かる。また、竹木や薪炭、豆麦・果物・野菜にも税が課されていたことからすると、砂岸に関連した産業全般が搾取の対象になっていたことが分かる。こうした不正を行う富民の実体について、同じ記事にはつづいてこのように書かれている。

民は無法で、利益を自分のものとし、いつも怨みは政府に行くようにしています。ひどい場合には手先をあちこちにやって、気勢をあげています。「砂主」「専櫃」「牙秤」「攔脚」といったものがあり、数十人単位で群れを成しています。（彼らは）要衝で人をおしとどめ、貨物を無理に買い上げ、私塩を無理やり売りつけ、「亡状」を受け入れて人をだまし、「農民」を抑えつけて拘禁して、従わない場合は、うその罪で陥れています。勝手に「停房」を置いて、牢獄よりひどいことをし、ひどく鞭打ち、不法に民を苦しめていて、（被害者は）冤罪にたえ、訴えるところはありません。時には暴力沙汰や殺傷事件もあります。また、ひどい場合には、「悪少」や「刑余」が集められ、「府第」の家の立て札や旗が掲げられ、逃亡者のはきだめが形成されています。（彼らは）戈や矢を操り、太鼓や鉦を打ち鳴らし、海上に出没しては、根城に潜伏しています。「強者」は日増しに勢力を強め、集まっては悪事を行い、「弱者」は搾取されて、落ちぶれて盗賊となっています(7)。

この内容から考えると、富民は、徴税を請負った砂岸を「府第」の名義にして、その「府第」の保護下に入る一方で、「亡状」「悪少」（ごろつき）や「刑余」（罪人）を配下にあつめて、数十人からなる集団をつくり、その集団が「砂主」などと呼ばれていたことが分かる（以下、便宜的にこうした勢力のことを「砂主」勢力と呼ぶことにする）。「府第」との人脈をもつ富民のところに、利益を求めて集まってきた「悪少」たちは、「悪少」とは書かれてはいるが、前掲の史料に「弱者」（小民）が盗賊になっていると書かれていることから考えると、その実体は、食べてゆくために力のある富民を頼ってやってきた小民たちであったと思われる。こうした状況については、政府による防備のための民船徴用について書かれた『開慶四明続志』巻六、省箚にも以下のような関連記事がある。

本司は、嘉熙年間（一二三七～四〇年）より、朝廷（のご指示）に従って「団結」に命令を下し、温州・台州・慶元府の三つの州の民船数千隻を十個のグループに分けさせ、一年に船約三百隻を徴用しました。そして、定海の要害の地の番をさせ、また、淮東・鎮江に派遣して守備の任に当たらせました。一般人民が生活のために使っている船を管理下において、徴用するのは「人情の楽しむところ」ではありません。もしこれを公平に行い、騒ぎを起こさなければ、民にとって大きな害とはならないでしょう。（しかし）県令が貪欲でなくても無能であれば胥吏の関与するところとなり、各県で所謂海船事件というものが起きてしまいます。家や土地を多く持ち本当に大きな船をもっている者はほしいままにもてあそばれ、胥吏に賄賂を贈って見逃してもらうのでなければ、「形勢之家」の力を借りるしかありません。貧しくて力のない者は徴用されます。二十年前に登録された船は、ある船は風により壊れ、ある船は盗まれてなくなり、ある船は修繕できないために沈没し、ある船は全体的に老朽化して使い物にならなくなっています。それにもかかわらず往々にして登録を抹消されないままになっています。毎年徴用があるので、耕地を典売し、財産を売却し、妻子を売って、官司の命令に応じています。甚だしい場合は、郷里を捨てて逃亡して、困窮して死んでいます。無頼な者は流れて「海寇」となっています。毎年夏の初めになると、海船事件が発生します。船を選ぶのに、大型船小型船にかかわらず、船のあるなしにかかわらず、みな強制的に徴用されています。いったん命令書が村落に発布されると、搾取されて鶏や犬までも奪いつくされます。

三つの州の二三千里の海域の民は命令に耐え切れず、日々安心して生活できなくなっています(8)。

ここには胥吏による無理な徴用に耐え切れなくなった民の一部が「海寇」(海賊)になっていると書かれているが、富民のもとに集まってきた者たちとはまさにこのような人々であったと思われる。そうした意味で、「砂主」勢力は、富民と小民の利益追求への欲求を基盤として成立した人間関係、さらに言うならば打算的な人間関係によってなりたっていたと言える。こうした打算的な人的結合は「府第」と富民の関係についても言える。

このように砂岸では、人々が「府第」との人脈をもち徴税を請負っている富民のもとに吸い寄せられてゆくことにより、在地勢力が形成され、そうした勢力があちこちに割拠する状態にあった。こうした「砂主」勢力は、その勢力を背景に、通行人から貨物を不当な値段で買い上げ、また、人々に私塩を無理に売りつけていた。さらには「停房」(拘置所)を勝手につくって、言うことを聞かない人々には暴力をふるっていた。

三　税場の廃止と訴訟

南宋末期になると、こうした砂岸における徴税の請負に関する弊害をなくすために沿海制置副使の顔頤仲の主導のもと対策がとられた。その内容について、『宝慶四明志』巻二、銭糧、昌国県、石弄山砂岸・秀山砂岸には、以下のように書かれている。

先頃「廷紳」が、「[品官之家]」が砂岸を請負えないようにお願い致します」と上奏しました。しかし法で禁止することができず、「姦宄」が日々現れ、禍根が多く残されています。……私（頤仲）がかってその理由を探求しましたところ、州県の収益は（[砂岸]の）歳入の額に依存していて、「豪強」に徴税をさせて民の物を奪う仲立ちをさせていました。もしこの令を実施したいならば、まず役所から始めるべきです。……砂岸で民の災いとなっているところでは、訴訟がいっそう多くなっています。州郡はどうしてこれと数万緡を比べて、「海民」の苦しみを座視して救おうとしないのでしょうか。今調査したところでは、本府では一年間に砂岸銭による収益が二万三貫二百文あります。……これを削減しようと思いました。淳祐六（一二四六）年正月より、すべて免除措置を行いました。……州郡に人を派遣して、まず民に収益を分け与え、「形勢之家」がまた利益をほしいままにしないようにしました。砂岸で「府第」や「豪家」に請負われているところは、毎日聞き取りをして、民戸に漁業をさせ、みだりに名目をでっち上げてまた占拠をされないようにしました。占拠されて時間が長くたっているものは、許可証を発給しないようにしました。……朝廷におかれましては、上奏に従って命令を下し、令を定め、もし違反があったならば民が越訴することを許可し、お金による免罪はさせず、ことごとく規則違反の罪で処罰するようにお願い致します。海島の民が平穏に生活できて、「府第」や「豪戸」が権勢にものをいわせて悪事をすることのないようにお願い致します(9)。

このように沿海制置副使の顔頤仲は砂岸に課税がなされている状態こそが弊害の原因であると考え、砂岸への課税というもの自体を中止し、「府第」と富民（[豪強]「豪家」「豪戸」）による請負を止めさせようとした。しかし、これにより問題は解決しなかった。『開慶四明続志』巻八、蠲放砂岸にはこのように書かれている。

砂岸は海辺の「細民」が漁業をしていた地です。……「巨室」は官に租を納入して、官はその地を壟断して税を課していいます。時には課税し、時にはやめていいます。それは宝祐四（一二五六）年の秋に、大使丞相の呉公（潜）が行ったことです。ある人が「砂岸（の税場）を廃止してから、民が統制されなくなり、税が損なわれるようになりました」と言いました。そこで呉公が民の希望に従って上奏して復活させました。一年たって、またある人が、「「主砂者」「砂者」がひどい徴税をし、互いに奪い合って、訴訟合戦をしています」と言いました。呉公は民が混乱していることを知って、すぐに上奏してやめさせました。止めたり行ったりしたことは、すべて民の希望によるものであり、民もまた公の心を知っていて、公の心はそれ以外にはないのであります[10]。

砂岸での徴税が中止されて、「民が統制されなくなった」ということは、富民（「巨室」）による徴税請負体制というものが、弊害を伴いつつも、砂岸に秩序の安定をもたらしていたことを意味している。徴税請負を媒介として、政府と「砂主」勢力が相互に補完することにより、秩序の維持が図られていたと言える。富民による徴税の請負が中止されて、「民が統制されなくなった」ので、沿海制置大使の呉潜が砂岸でまた徴税をするようにしたのであるが、それによりまた請負った者が不当な徴税をするようになり、かつ、請負争いも起きた。こうした一連の措置について、呉潜は、『開慶四明続志』巻八、榜のなかでこのように書いている。

本官（呉潜）が以前州に赴任した初めのとき、ある人が、「近年「海寇」が跋扈していて、三山や小榭などでは岸に上がって略奪行為をしています。これは皆砂岸を廃止して「砂民」を統率するものがなくなったからです」と言った。そこで上奏して、復活するように請願した。復活後は、入ってきた金銭を士人の養成費や軍隊の経費などにあてた。ところがまたある人が、「「大家」「上戸」がこれによって沿海の「細民」を搾取するようになって、訴訟が多くなり、さらに彼らが互いに奪い合っています」と言った。これは本司が復活させた当初の意図とは異なっている。また、胡家渡と澥浦の税場の人が、「廃止した後、官司が統制できなくなったので、数十里内は「盗賊出没之区」となりました」と言った。そこで復活するように上奏したが、またある人が、「政府の利益がとても少なくなり、税場での民の災いも増えています」と言った。調査したところ、それは事実であった。本官はそこで物事の変化に応じた対応をすることにした[11]。

この文から砂岸における徴税の請負が中止されたことで、請負によって多大な利益を得ていた「砂主」勢力がその収入源を断たれたため、「海寇」となり、略奪行為をするようになったことが分かる。また、復活すると、再び富民（「大家」「上戸」）が徴税を請負って、沿海（砂岸）の小民（「細民」）から不当な徴税をして、被害を受けた小民から訴訟が起こされるようになったこと、さらには富民同士が徴税による利益をめぐって争うようになったことが分かる。徴税の請負というお墨付きがなくなると、富民が「砂民」（砂岸の住民）を統率する力もなくなるということは、もともと富民には「砂民」を統率するだけの力量がなかったことを意味している。前掲の史料の内容とあわせて考えると、富民は徴税の請負や「府第」との人脈がないと「砂民」を統率できなかったものと考えられる。また、富民同士が争っていることは、富民同士のまとまりの弱さを示している。このことから、政府の力なしに富民をまとめ役とする「砂民」同士の利害調整組織のようなものが自然に形成される状況にはなかったということが分かる。そのため、富民と小民の間で紛争が解決されず、訴訟沙汰になっていたのである。なお、このような「砂民」の間での訴訟沙汰については、関連のある記事が、『宝慶四明志』巻二一、商税にもある。

淳熙四（一一七七）年に命令が下され、継続して設けられていた砂岸（税）はすべて廃止された。慶元二（一一九六）年には、陳景愈が爵渓・赤坎・後陳・東門などに税場を設置した。県令の趙善与は住民が苦しめられていると府に上申してこれをやめさせた。……嘉定二（一二〇九）年に、楊圭が偽って商税をとるようになり、樊益・樊昌などを配置して海辺に徴税所を作った。手先の鄭宥たちがこれを主簿の趙善瀚に訴え、ことごとくその害について陳述した。五（一二一二）年には、知府の王介が朝廷に上申して、商税を廃止した。そして、五つの都の団屋（民兵組織の兵舎）を壊し、立て札を立てて民にその旨知らしめた。宝慶元（一二二五）年、胡遜と柳椿が府第の名義を借りて、漁をする権利を買って、勝手に漁船団を置いた。鄭宥たちはまた訴訟を起こした。提挙常平官の斉碩が知府の職務を代行して、胡遜と柳椿を杖刑として、彼らがしたことを止めさせた(12)。

鄭宥が何度も訴訟を起こしていることは、相手をたおす手段として訴訟を起こすことが「砂民」にとって一般的になっていたことを示している。

さて、こうした混乱状態を是正するために、呉潜は新たな措置を実施した。その内容について、『開慶四明続志』巻八、榜にはこのよう書かれている。

砂岸の各入江に官僚や「団結」を派遣して、この地の盗賊が外の盗賊を匿わないようにさせれば、「砂民」が統率されず盗賊が横行するということは必ずなくなるであろう。また、浹港に「小屯」を置けば、数十里内に官司の統制が及ばないで、「盗賊出没之区」になるということは必ずやなくなるであろう。そこで砂岸の二つの税場を旧来のように廃止するように上奏した。弊害が除かれ利益が増えて、この州の将来のためになる策となってほしいものである(13)。

また、ここに書かれている上奏の内容については、『開慶四明続志』巻八、乞蠲砂租奏請に、以下のように書かれている。

臣（呉潜）がはじめに砂岸に税場を復活させたのは、海の道を安全にして略奪行為の根を絶ちたかったからです。今砂岸の各入江にみな「団結」を作らせ、規約を設け、この地の盗賊が隠れることがないようにし、行き来している盗賊は捕縛するようにしました。また、浹港にはすでに「戍卒」を置き、胡家渡・瀬浦の一帯はすきまのないようにし、防備の不備はなくしました。そこで先ごろ砂岸に税場を復活させて得た税収はなくしてことごとく民に与えました[14]。

砂岸における徴税を中止する一方で、砂岸に「団結」（民兵組織）をつくらせ、官僚や「戍卒」（守備兵）を派遣して、富民の盗賊化に備えたのである。もともと、宋代の東南沿海部では、海上交易が盛んになる一方で、政府の支配がいきわたらない場所も多かったらしく、海賊の活動が活発化していた。そうした状況下で、南宋時代には、水寨があちこちに設けられ、水軍の将官が海賊討伐で活躍していた[15]。つまり、先述したように「砂民」内部で利害調整が行われず、「砂民」の盗賊化が進む状態になっていたので、政府が軍事力でもって秩序建設を行わざるをえなくなっていたのである。

なお、呉潜は、「団結」をつくらせるだけではなく、その防備で必要な民船の徴用に関して、胥吏が不正を行わないようにした。そうした一連の経緯について、『開慶四明続志』巻六、三郡隘船にはこのように書かれている。

嘉熙年間（一二三七〜四〇年）、沿海制置使司は、明州・温州・台州の三つの州の民船を徴用し、定海の防備を固め、淮東と京口の守備に当たらせ、以後それが常態となっていた。（しかし）登録されている船は、二十年たって、ある船は風と大波で壊れ、ある船は盗賊に奪われていて、名前はあっても実体はなくなっている。……宝祐五（一二五七）年七月に（大使丞相の呉公（潜）が）義船法を立案した。朝廷に上申して、三つの州に命令が下って、（州は）管下の県に、各々郷里から財力のある者を選ばせて、「団結」を統括させた。一つの都から一年に三隻の船を徴用するようにし、船を所有している五六十の家はみな六つの船を調えるようになった[16]。

また、同、省箚にはこのように書かれている。

おそれながら私は、すでに義船法を立案しました。一つの都から毎年みな三隻の船を供出させるようにして、船を所有している五六十の家には、財力のあるなしに従って船六隻を供出させました。……これにより、船を所有している者が不当に免除を受けることもなくなり、船を所有していない者に無理な徴用がゆくこともなくなるでしょう。狡猾な胥吏の搾取による苦しみが根絶され、沿海の住民が家や財産を失う憂いもなくなるでしょう[17]。

さらに、呉潜による軍事力強化策がとられるまでの一連の経緯については、『開慶四明続志』巻一、贍学砂岸に以下のように簡潔にまとめられている。

皇子魏王（趙愷）が四明（明州）を治めていたときに、砂岸（銭）が学校の運営費にあてられた。淳祐年間（一二四一～五二年）、これは削減されて、費用は府から支給される銭で補塡されることとなった。宝祐五（一二五七）年正月に大使丞相の呉公（潜）が上奏して、再び、砂岸（銭）を学校の経費にあてるようにしたが、「争佃之訟」が多くなった。……そこで六（一二五八）年五月に、砂岸のごたごたにより、（呉公は）また上奏して（砂岸銭を）取り除いて、（銭は）民に与えた[18]。

ことの発端は魏王趙愷が明州を治めていた南宋中期の淳熙元（一一七四）年に砂岸で徴税が行われるようになったことにあった[19]。ここまで見てきたように、その徴税は砂岸の富民が請負っていた。こうした状態がしばらく続いたが、富民が「砂民」から不当に税を徴収するという略奪的な利益追求が行われて混乱が起きたため、南宋末期の淳祐六（一二四六）年に徴税が中止された[20]。しかし、今度は「盗賊出没之区」となったので宝祐五年に沿海制置大使の呉潜が税場を復活させたが、請負争いに起因した訴訟沙汰が起きたので、翌年に再び廃止し、上記のように治安維持の強化を図ったのである。

おわりに

海上交易が活発化していた南宋時代の明州の沿海部（砂岸）は、富民が「悪少」などを配下に抱えて、「海寇」化して、人々から財産を奪う事態が多発するような「盗賊出没之区」になりやすい状況にあった。砂岸で徴税がされるようになると、富民がそれを請負うようになり、請負った富民は「府第」との人脈を背景にして力を強め、そのもとには多くの小民たちが吸い寄せられてゆき、富民と小民の打算的な人間関係を基盤として「砂主」勢力が形成されていった。しかし、こうした「砂主」勢力同士が請負争いをするようになり、また、彼らが「砂民」（砂岸の民）に対して不当な徴税をするようになって、訴訟が頻発した。富民が、徴税の請負という名目がないと「砂民」を統率できなかったことから考えると、彼らはもともと「砂民」のまとめ役と言えるものではなかったことが分かる。砂岸では、富民をまとめ役とする「砂民」の利害調整組織のようなものが作られにくく、富民を中核とする「砂主」勢力同士が互いにしのぎをけずるような状況になっていた。そのため、紛争が起きやすく、また、紛争が「砂民」の間で解決されないで訴訟に発展していた。このようにして、砂岸では、海上交易の活発化に伴い、競合的な傾向の強い不安定な社会状態が醸成されていった。以上の展開をみると、砂岸では、税場が置かれ政府の力が強化されると、訴訟が起き、税場が廃止されて政府の力が弱まると暴力が支配する状態となっていたことが窺える。訴訟が多発する状態になるか、「砂主」勢力同士が武力抗争をする状態になるかは、政府と「砂主」勢力の関係の変化に起因していたと考えられる。冒頭において明州の鄞県で「健訟」が認識されていたことについて触れたが、この地で「健訟」が認識された背景には上記のような状態が関係していた可能性もあると思われる。

以上、本章では、明州の沿海部における社会秩序について考察したが、東南沿海部の他の地域でも、海上交易の拠点となっていた港において、訴訟が活発になる傾向がみられた。例えば、貿易港として発展していた泉州については、『彭城集』巻二一、新差権発遣泉州朱服可知婺州朝散郎胡宗師可権発遣泉州制に「南方で最も治めにくい郡として泉州と婺州が並び称されている。その民はすばしこく利益を追い求めている。ゆえに「富室」が多く、訴訟も多い」（南方之劇郡泉山婺女並為称首。其民機巧趨利。故多富室而訟牒亦繁）とある。また、同じく貿易港として発展していた広州については、『永楽大典』巻二一九八四所掲の「広州府移学記」に「水陸の道は四方に達していて、蕃商や船舶がみなとしている。……その風俗についてみると民は遊びを好み、暴力沙汰を恥とせず、婦人が夫に代わって訴訟を起こして、役所にやってきている」（蓋水陸之道四達、而蕃商海船之所湊也。……其俗喜遊楽、不恥争闘、婦代其夫訴訟、足躡公庭）とある。こうした記事をみると、今後、本章の内容を踏まえて、こうした地での海上交易と社会秩序の関係について検証する必要があると言える。

さらに、宋代の広州や泉州には蕃商が居住する蕃坊があった。そこにおける紛争の処理について、朱彧の『萍洲可談』巻二にはこのように書かれている。

広州の蕃坊には海外諸国の人が集住している。蕃長が一名おかれ、蕃坊の裁判沙汰を取り仕切らせ、蕃商を招いて入貢させている。蕃官の服装は華人のようである。蕃人が罪を犯すと、広州で審問がなされ、蕃坊に送致され、木のはしごの上に縛られて、かかとから上のところを藤杖で鞭打つ。藤杖三回は大杖一回に換算される。蕃人は褌袴を着ず、好んで地べたに座るので、しりを鞭打たれると苦しむが、かえって背中を打たれるのは恐れない。徒以上の罪の場合は、広州で裁定がなされる(21)。

また、『宋史』巻四〇〇、汪大猷伝には、「昔から蕃商が人と暴力沙汰を起こしても、傷つけなければ処罰を変えて皆牛でもって贖わせていた。汪大猷は、どうして中国で島夷の習俗を用いるのか、わが地ではわが法でもって処断すべきではないかといった」（故事蕃商与人争鬥、非傷折罪皆以牛贖。大猷曰、安有中国用島夷俗者、苟在吾境当用吾法）と書かれている。こうした状況については、すでに藤田豊八氏や桑原隲蔵氏などが言及しており、そのあり方について、さまざまに解釈されているが[22]、宋代の広州の蕃坊では、蕃人が罪を犯した時は、広州の役所で審問して、蕃坊に送還し、処罰を行わせ、また、蕃商との紛争では、傷害の罪以外は、島夷のやり方（牛贖）で解決されていたということは確認できる。民事的な案件については、蕃長が処理していたという紛争処理のあり方は、「健訟」とは相違する方向性として注目できる。今後はこうした状況も含めて、宋代の沿海部における社会秩序のあり方についてさらに検証してみる必要があると思われる。

註

（1）斯波義信『宋代江南経済史の研究』（販売・汲古書院、一九八八年）等参照。

（2）『宝慶四明志』巻一四、四明奉化県志、官僚、鮚埼寨巡検「寨在鎮北五里。聴事在漂渓。嘉定七年尚書省箚節文白箚子。奉化県管下地名戦埼袁村皆瀕大海、商舶往来、聚而成市。十余年来、日益繁盛。邑人比之臨安謂小江。下去県五六十里南、隔山嶺海浜。習俗素悍。富者開団出船、蔵納亡頼、強招客販。貧者奪攘闘殴雄覇一方、動致殺傷。県道前来、択有事力者、委充耆長、未能借之鈐束、反以資其武断」。

（3）『宝慶四明志』巻六、雑賦、鄞県桃花渡毎界額銭・定海江南渡毎界額銭「尚書省箚子備拠本府申。本府管属有桃花渡在鄞県之東、有定海渡在本県之南。其水交匯、其涂四達、近通六邑、遠出大洋。是以為民旅往来之衝、農牧出入之地。……十数年来、府第買撲帰私置場設肆。于収銭外凡所以為征取計者殆将百出。又有一等凶悍不逞無籍之人、入為梢工篙手、相助為虐、則毀辱衣巾損壊器物或加捶縛。……其為民害甚矣」。
（4）徴税に関する不正については、以下の文献等参照。曽我部静雄「宋代の商税雑考」（『宋代政経史の研究』、吉川弘文館、一九七四年所収）。梅原郁「宋代商税制度補説」（『東洋史研究』一八―四、一九六〇年）。
（5）『宋会要』食貨一八の六・乾道九年五月十六日の条「臣寮言、温州平陽県有私置漁野税鋪、為豪右買撲、乗時於海岸琶曹小鑊等十余所置鋪、瀕海細民兼受其害。昨来戸部住罷、已及三年、令豪民詭名又復立価承買」。
（6）『宝慶四明志』巻二、銭糧、昌国県、石弄山砂岸・秀山砂岸「照応淳祐六年二月二十三日準尚書省箚子備朝議大夫右文殿修撰知慶元軍府事兼沿海制置副使顔頤仲状。……数十年来、龍断之夫、假抱田以為名、啗有司以微利、挾趁辦官課之説、為漁取細民之謀。始焉照給文憑、久則視同己業。或立状投献于府第、或立契典売于豪家、倚勢作威、恣行刻剝。有所謂艚頭銭。有所謂下莆銭。有所謂曬地銭。以至竹木薪炭、莫不有征。豆麦果蔬亦皆不免」。
（7）『宝慶四明志』巻二、銭糧、昌国県、石弄山砂岸・秀山砂岸「民者無藝、利入私室、怨帰公家已非一日。甚至広布爪牙、大張声勢。有砂主、有専櫃、有牙秤、有攔脚、数十為群。邀截衝要、強買物貨、掗託私塩、受亡状而詐欺、抑農民而採捕、稍或不従、便行羅織。私置停房、甚于囹圄、拷掠苦楚、非法厲民、含冤呑声、無所赴愬。闘敺殺傷、時或有之。又其甚者、羅致悪少、招納刑余、掲府第之榜旗、為逋逃之淵藪。操戈挾矢、撾鼓鳴鉦、倏方出没于波濤、俄復伏蔵于窟穴。強者日以滋熾、聚而為姦、弱者迫于侵漁、淪而為盗」。
（8）『開慶四明続志』巻六、省箚「本司自嘉熙間準朝廷指揮団結、温台慶元三郡民船数千隻分為十番、歳起船三百余隻前来。定海把隘及分撥前去淮東鎮江戍守。夫以百姓営生之舟而拘之、使従征役已非人情之所楽。使行之以公加之以不擾則民猶未為大害奈何。所在邑宰非貪即昏受成吏手、各県有所謂海船案者。恣行売弄其家地富厚真有巨艘者、非以賂囑胥吏隠免、則假借形勢之家拘占。惟貧而無力者則被科調。其二十年前已籍之船、或以遭風而損失、或以被盗而陥没、或以無力修葺而低沈、或以全身老朽而弊壊。

往往不与銷籍。歳歳追呼以致典田売産貨妻鬻子、以応官司之命。甚則棄捐郷井而逃自経溝瀆而死。其無頼者則流為海寇。毎歳遇夏初則海船案。已行検挙、不論大船小船、有船無船、並行根括。一次文移遍於村落、乞取竭於鶏犬。環三郡二三千里之海隅、民不堪命、日不聊生」。

（9）『宝慶四明志』巻二、銭糧、昌国県、石弄山砂岸・秀山砂岸「頃歳廷紳奏請、欲令品官之家不得開抱砂岸。蓋慮法不能禁、則姦宄日出、貽過無窮。……頤仲嘗推求其故、亦縁州県利及歳入之額、致使豪強藉為漁奪之媒。若欲此令行、先自有司始。……如砂岸之為民害、見于詞訴者愈多。州郡豈敢較此数万緡、坐視海民困苦而不之救。今挨究、本府有歳収砂岸銭二万三貫二百文。……欲截。自淳祐六年正月為始、悉行蠲放。……支遣州郡、既率先捐以予民、則形勢之家亦何忍肆虐以専利。応是砂岸属之府第豪家者、皆日下聴、令民戸従便漁業、不得妄作名色復行占拠。其有占拠年深腕、給不照。……欲乞。公朝特為敷奏頒降指揮、著為定令、或違戾許民越訴、不以蔭贖、悉坐違制之罪。庶幾海島之民可以安生楽業、府第豪戸不得倚勢為姦」。

（10）『開慶四明続志』巻八、蠲放砂岸「砂岸者瀕海細民業漁之地也。……巨室輸租于官、官則即其地龍断而征之。或興或廃。宝祐四年秋、大使丞相呉公之開閫也。人謂砂岸廃、而民無統、寇職以肆。公因民之欲而奏復之。越一年、人又謂主砂者砂者苛征、而相呑噬者則滋訟。公知其擾民也、亟奏寝之。或止或行、悉因民欲、民亦知公之心、無他也」。

（11）『開慶四明続志』巻八、榜「当使前歳領郡之初、人或謂、近年海寇披猖、如三山小榭等処有登岸焚刼之事。皆起於罷砂岸而砂民無所統率之故。遂具申奏、乞行興復。既復之後、雖藉所収銭物、以助養士恤軍等費。然或又謂、大家上戸不能不因此掊克沿海細民、又且詞訴迭興、更相呑併。殊失本司興復之初意。又胡家渡澥浦二税場人亦謂、住罷之後、官司更無纂節。因此数十里之内、莽為盗賊出没之区。亦遂具申奏乞行興復、継而議者又謂於公家利益甚少、而税場為民害者不貲徐。而察訪言亦非虚。当使于是復思変通之術」。

（12）『宝慶四明志』巻二一、商税「淳熙四年、有旨、続置砂岸並除罷。慶元二年、陳景愈於爵渓赤坎後陳東門等処並置税児。県令趙善与以擾民白府罷之。……嘉定二年、楊圭冒置分布樊益樊昌等為海次。爪牙鄭宥等訴之主簿趙善瀚歴陳其害。五年、守王介申朝廷除罷。毀其五都団屋、版榜示民。宝慶元年、胡遜柳椿仮府第、買魚鮮之名、私置魚団。鄭宥等又有詞。倉使斉碩摂府杖其人而罷之」。

（13）『開慶四明続志』巻八、榜「将砂岸諸嶴差官団結、使本境之盗無所容外境之盗不可入、則前所謂砂民無所統率而盗賊縦横之事不必慮矣。又於浹港置立小屯、則前所謂数十里之内官司並無纂節而莽為盗賊出没之区者不必慮矣。遂行具奏、乞将砂岸両税場仍旧住罷。庶幾除害而弛利、可以為此郡悠久之計」。

（14）『開慶四明続志』巻八、乞蠲砂租奏請「臣始者之興復砂岸税場、不過欲為清海道絶寇攘之計。今已将応于砂岸諸嶴並行団結具有規縄、本土之盗不可蔵、往来之盗則可捕。又浹港既有戍卒、則胡家渡澥浦一帯不至空曠、防閑備禦粗為周密。于是昨来興復砂岸税場所入之課利、仍可尽弛以予民矣」。

（15）以下の文献等参照。曾我部静雄「南宋の貿易港泉州の水軍とその海賊防衛策」（『宋代政経史の研究』、吉川弘文館、一九七四年所収）。大崎富士夫「南宋期、福建における擾乱―とくに、走私貿易との相関において―」（『修道商学』二九―二、一九八九年）。深澤貴行「南宋沿海地域社会と水軍将官」（『中国―社会と文化』二〇、二〇〇五年）。

（16）『開慶四明続志』巻六、三郡隘船「嘉熙間制置使司、調明温台三郡民船、防定海戍淮東京口、歳以為常。而船之在籍者、垂二十年、或為風濤所壊、或為盗賊所得、名存実亡。……宝祐五年七月（大使丞相呉公）乃立為義船法。白于朝、下之三郡、令所部県邑、各選郷之有材力者、以主団結、如一都歳調三舟、而有舟者五六十家則衆辦六舟」。

（17）『開慶四明続志』巻六、省箚「恐臣已結為義船法。謂如一都毎歳合発三舟、而有船者五六十家、則令五六十家自以事力厚薄辦船六隻。……於是有船者無倖免之理、無船者無科抑之患。永絶姦胥猾吏売弄乞覓之苦、永銷浜海居民破家蕩産之憂」。

（18）『開慶四明続志』巻一、贍学砂岸「皇子魏王判四明日、嘗撥砂岸入学養士。淳祐間、嘗蠲之、就本府支銭代償。宝祐五年正月大使丞相呉公奏請、復帰于学、継而争佃之訟紛。……六年五月、以砂岸煩擾、復奏請、弛以予民」。

(19)『宋史』巻二四六、魏王愷伝には、「淳熙元年、徙判明州。輟属邑田租以贍学。……七年、薨于明州、年三十五」とある。

(20)『宋史』巻四一八、呉潜伝には、「四年、授沿海制置大使、判慶元府、至官、条具軍民久遠之計、告于政府、奏皆行之」とある。

(21)『萍洲可談』巻二「広州蕃坊海外諸国人聚居。置蕃長一人管勾蕃坊公事、専切招邀蕃商入貢。用蕃官為之巾袍履笏如華人。蕃人有罪、詣広州鞫実、送蕃坊行遣、縛之木梯上、以藤杖撻之自踵至頂。毎藤杖三下折大杖一下。蓋蕃人不衣褌袴、喜地坐、以杖臀為苦、反不畏杖脊。徒以上罪則広州決断」。

(22)以下の文献等参照。藤田豊八「宋代の市舶司及び市舶条例」(『東洋学報』七―二、一九一七年、後に『東西交渉史の研究・南海篇』、岡書院、一九三二年収録)。桑原隲蔵『蒲寿庚の事蹟』(岩波書店、一九三五年)。蘇基朗「論宋代泉州城的都市形態」(『唐宋時代閩南泉州史地論稿』、台湾商務印書館、一九九一年所収)。

第五章　明代江西における開発と社会秩序

はじめに

宋代の江西では、耕地に労働力をあまり投下しなくても豊作の時に大きな収穫が得られるデルタ地帯だけではなく、陂塘が作られ集約的な農業が普及し、デルタ地帯より耕地に労働力が投下されていた河谷平野地帯でも競合的な傾向の強い不安定な社会状態がみられた。そして、こうした状況に対して、政府が脱税告発を奨励したことなどにより、訴訟が多発していた。では、この地の社会秩序はその後どのような展開をしていったのであろうか。元代の江西は、元代末期に軍閥の陳友諒がこの地を根拠地にしたことにより動乱に巻き込まれ、農業も低迷した。やがて、明代になるとデルタ地帯では元代末期に壊された陂が修築され、河谷平野地帯では陂塘が整備されて、次第に農業が復興していった。しかし、明代前期は中期頃に比べて田価が低迷していることから考えると[1]、まだ、江西の農業の回復も十分ではなかったと思われる。そうした明代の江西における農業社会の状況については、呉金成氏や許懐林氏が総合的かつ詳細な研究を行っている[2]。そこで以下では両氏の研究などを参照しながら、明代江西における農業社会を中心とした開発のあり方と社会秩序の関連性について検証してみたい。また、明代初期には、「里老人（老人）制」（郷村の有徳者に紛争処理をさせる政策）が実施されたが（第一章参照）、それが明代の江西における社会秩序にどのような影響を与えたのかという点についても考察してみたい。

一　江西デルタ地帯における開発と社会秩序

明代の江西デルタ地帯では、水田などを作るために圩（土手）が築造されるようになった。特に南昌府（宋代の洪州）と饒州府には圩や堤が多くつくられた。明代中期以降は、そうした傾向が強まり、官の主導のもと水利工事が多く行われた(3)。その様子については、例えば、「明邑人張元禎富大二圩碑記」（同治『南昌府志』巻三、地理、南昌圩隄、所掲）にこのように書かれている。

わが南昌府の鍾陵などの都の「父老」たちが連れ立ってわが庵にやってきて言った。「それぞれの都には、……民田が数十万畝あり、民の賦は数十・数百石になります。例年章江の水かさが増すと、下流の趙家などで圩や堤によっておさえられていた水があふれて、大いに民田の災いになっています。……「富人」が選んだ耕地の多くが高台にあって肥沃なのに対して、「小民」の耕地の多くは低地にあります。低地の耕地は被災しても、賦役は規定どおり負担させられ、逃れることはできません。分担額を納入するために「挙貸」せざるをえなくなっています。「挙貸」しても足りなければ、さらに「典鬻」します。「典鬻」しつくすと逃げるしかありません。その苦しみを訴えることもできずに百年あまりたって今に至っています。宣徳・正統年間（一四二六～四九年）には、郷官教諭の胡希岳が上申して長圩を築造しましたが、「貧民」には福はなく効果は未だあがっていません」。そこで弘治十二（一四九九）年冬十月に私たち「郷老」は事情を知府の祝侯様のところへ伺って申し上げた(4)。

デルタ地帯（低湿地）では、明代前期より圩がつくられていたが、不完全なため、たびたび決壊しては水害が起きていた。こうした状況に対して、都の父老たちが郷老の張元禎のところへ来て、デルタ地帯に耕地をもつ人々が水害にあった上に税の負担を強いられていると言ったので、張元禎が他の郷老たちと連れ立って知府の祝瀚のところへ請願をしに行ったというのである。この記事に書かれている後の文章を読むと、そうした訴えを受けた祝知府が大有圩と富有圩という二つの圩をつくらせたことが書かれている。そして、それらの圩の築造・管理方法について、「各々「圩長」を立てて作業を監督させた。「圩長」は、雑役は免除するが、その代わりに圩の修築を担当させるようにした」（各立圩長以分督其功程。圩長各蠲雑役、以永責其修葺）と書かれている。

この史料から、明代中期頃、デルタ地帯に郷老と父老の人的結合が形成されていたこと、彼らが地元で起きた問題にともに取り組んでいたこと、そして、圩の管理を地元関係者が行う措置がとられたことが確認できる。しかし同時に、圩が自律的に運営されにくい状況にあったことも分かる。

さらに、こうしたデルタ地帯の耕作の実態については、『江西輿地図説』南昌府、南昌県の項に、「民は利益に目がなく、満足することはない。ゆえに税を滞納している。……かつ河に沿って耕地が多く作られている。……「流民」「亡頼」がみんなでやって来て耕作をしていて、それを止めることができない。（彼らは）穀物が実るとそれを勝手に持って逃げてしまい、捕まえることはできない。「富室」は毎年それに苦しみ、不正をするはめになっている」（逐末趣利、鮮懐居。故逋負、……。且瀕江田曠。……流民亡頼者率衆佃耕、其来不可禦。稲登則窃攘以逃其去不可追。富室歳歳厭苦之、甚至作奸亡）と書かれている。これを宋代の江西デルタ地帯の官田の状況について、陸九淵の『象山先生全集』巻八、与蘇宰に「春夏にむらがってやって来て耕作・収穫したら、秋冬には収穫物を持って逃げてしまう。持ち去ってしまうと、もとより探し出すことはできない。むらがってやって来た時には、多いのを頼んでこばみ、その頑強で狡猾なさまはこのようなものである」（春夏則群来耕穫、秋冬則棄去逃蔵。当逃蔵時、固無可追尋。及群至時、則倚衆拒捍、其強梁姦猾者如此）と書かれている内容と比べると、こうした宋代の言説が以後常套的になってそう書かれた面も若干あるかもしれないが(5)、基本的には宋代と同じような行動を人々がとっていた可能性が高いように思われる。少なくとも明代後期の時点では、宋代と同じ、耕地に労働力をあまり投下しなくても穀物が得られるデルタ型の農業が行われており、人々が穀物を奪い合う傾向が強かったと考えられる。

ところで、そうした状況下で明代後期頃には人々は脱税もするようになっていた。『江西輿地図説』南昌府、新建県の項には、「（この県には）圩田がある。……税の滞納があり胥吏の悪事も盛んである」（圩田既興。……賦籍逋而吏弊滋熾）とあり、また、『饒南九三府図説』饒州府、余干県の項には、「耕地は良好で、多くは二毛作をしている。……民は富裕かつ邪悪で、しばしば（利益を）隠匿しては税を滞納し、狡猾な胥吏を助けてごまかし工作をしている。悪人たちは団結して法律を無視している」（厥田上上、歳多二熟。……民富而奸、好隠匿積逋負、佐猾吏為欺舞。蠹弊糾結不復知有上法）とある。このように穀物を売却して金銭を得ては、税を払わないという行為が横行していた。こうした行為と社会秩序の関係については詳しく検証できていないが、『饒南九三府図説』饒州府の項に、「その民は悪賢く訴訟が好きで、その租税は多くて税の滞納も多い」（其民刁而好訟、其賦繁而多逋）とあり、また、『江西輿地図説』南昌府の項に、「（この府の）習俗は、……義に薄く争いが好きで、口が達者で、訴訟が盛んである」（俗……薄義喜争、弾射騰口、囂訟鼓舌）とあることを考えると、同時期に訴訟が多発していたことは確認できる。以上のことから考えると、検討した史料が少ないのでさらに検証すべき余地があるが、管見の史料を検証した限りにおいては、明代後期の江西のデルタ地帯でも不安定な社会状態になる傾向や訴訟が起きやすい傾向があったことが窺える。

二　江西河谷平野地帯における開発と社会秩序

河谷平野地帯の多い吉安府や撫州府、臨江府などは、万暦『江西省大志』巻四、漑書をみると、陂塘が多く存在していたことが確認できる。これらの地では、第三章でみてきたように、宋代より陂塘を使った河谷平野型の農業がみられ、集約的な農業も普及していたが、明代も同様な状況が展開していた。こうした陂塘はどのような人々によって作られた（整備・維持された）のであろうか。例えば、宋代に建設された陂塘の一つである吉安府安福県の寅陂の状況について、康熙『西江志』巻一五、水利、吉安府の項には以下のような記述がある。

明の洪武初年に、州判の潘枢が再建した。正統六（一四四一）年、知県の何澄が寅陂を修築し、併せて蜜湖から水路を引いて、民田を灌漑した。嘉靖年間（一五二二〜六六年）に、県丞の王鳴鳳が大規模な修築をした(6)。

また、同、吉安府の項にはこのような記事もある。

明の洪武三（一三七〇）年に、万安県知県の陳廷輝が監督をして陂塘の修築をした。二十七（一三九四）年に、「邑人」の匡思堯が民間の人々が旱魃や水害に苦しんでいることを絵に描いて上奏したところ、（皇帝が）諸官僚に特別な命令を出して、措置が施された。……二十八（一三九五）年に、官僚が派遣されて信豊女陂、袁屋陂、李荘陂が修築され、八十六頃余りの耕地が灌漑された(7)。

このように明代前期には、民からの要請などもある中で、官の主導のもと陂塘が整備されていた。しかし、一方で、明代前期には、民間主導の陂塘整備も行われていた。例えば、乾隆『泰和県志』巻三、輿地、陂塘の項にはこのように書かれている。

尹上陂もまた雲亭郷にあり、逢嶺に源を発している。明の永楽八（一四一〇）年に、「郷人」の尹務厚が農民を率いて修築した。そのためこのような名前がつけられた(8)。

尹務厚は「郷人」と書かれてはいるが、農民を率いていることから考えると、父老的な人物であったと考えられる。泰和県では、こうした父老的な「郷人」が農民を率いて陂塘の整備を行っていたのである。こうした民間での陂塘整備は、その後の明代中期の段階でも続いていたようで、乾隆『龍泉県志』巻一二、政事志、水利、大豊陂の項にもこのような記述がある。

（大豊陂は）もとの南澳陂である。……四廂三都の耕地は、皆それにより灌漑されている。……明の天順甲申（一四六四年）に、「里民」の王思誠が義を倡えて再建した。「邑人」の項倬の記がある(9)。

この陂塘整備の具体的な様子については、同所掲の項倬の「重修大豊陂記」に以下のように書かれている。

天順甲申（一四六四年）、七十二歳の老人である「邑士」の王思誠が一念発起して、水勢に従って岸に堤を築き大豊陂を灘水とつないで将来に備えた計画を行うことを提唱した。耕地の総計と工事費用を考えると、用水路を約二百丈つくるのに耕地一石あたり二斗五升出せば約八百石になるので作業員が雇えるという計算になった。そこで、有志の者に頼み、作業員の日給を専門に管理させることとした。七月八日に、思誠翁は自ら牲酒を霊祠に供え、もろもろの「郷傑」と、耕地を隠さないこと、力を併せ、心を斉しくして始終怠りなきことを誓約した。そして泰和県から作業員三十人を雇って、小舟を五隻造って、作業員に与え、石を載せさせた。天順八（一四六四）年八月三日に開始され、成化元（一四六五）年三月の晦に完成した(10)。

王思誠も「邑士」と書かれているが、陂塘整備で主導的役割を果たしているところからみると、財力のある父老的な「邑士」であったことが分かる。龍泉県では父老的な「邑士」が、有志と協力し、作業員を雇うという形態で、陂塘の整備が行われていたと言える。なお、こうした民間主導の水利事業は、明代末期の段階でも確認できる。例えば、渠（水路）についてではあるが、康熙『西江志』巻一五、水利、吉安府の項にはこのような記事がある。

明の万暦二十八（一六〇〇）年、泰和県の「邑人」の郭元鴻が工人を募って雲亭・阜済に渠をつくり、三箇月で完成した。渠の長さは六里、万畝の耕地が助けられた(11)。

このように明代を通じて父老的な「邑士」「郷人」が主導した陂塘や渠の整備が行われていた。もちろんこうした比較的に大規模な工事は、地方志に特記されていたことから考えると多かったとは思われないが、万暦『江西省大志』巻四、漑書に多くの陂塘の存在が記され、「民間の諸陂塘もまたしばしば修築されて壊れていない」（民間諸陂塘亦数修治得不敗）とあることを考えると、民間での小規模な陂塘整備はあちこちで行われていた可能性が高い。

そうした結果、吉安府などの河谷平野地帯では、穀物生産が盛んになっており、呉金成氏が作成した表（「江西における登録田地面積の変化」）によれば、吉安府では、明代初期の洪武二十四（一三九一）年の時点で、四万八千五百三十四頃（江西省第三位）あった登録面積が、丈量（土地面積の調査）が行われた明末の万暦年間の時点では五万五千五十頃に上昇し、江西省第三位の地位も維持されていた。呉氏によれば、江西は明代には長江デルタ地域に対する穀物の移出中心地として発達したとされるが、吉安府で生産された穀物はその大きな部分を占めていた。こうした状況下で、陂塘整備を主導しながら、「邑士」たちは、穀物生産により経済力をつけていったと思われる。しかし、財力のある「邑士」の中には陂塘を独占するものも出現していた。例えば、万暦『江西省大志』巻四、漑書には以下のような記事がある。

諸県の陂塘は久しく地籍が湮滅され、「大家」「勢族」は利益を貪ってこれを占有している。（流れを）さえぎって自分の耕地を灌漑する者や（陂塘を）埋めて平地にする者、沢山収益があるのに（陂塘の）修理をしない者がいる。県の地方官がこうした占有行為を知らない場合は、訴訟が激化してしまう(12)。

明代中期には、一般的に田価が上昇したが(13)、江西の河谷平野地帯では、それに伴って、陂塘をめぐる紛争・訴訟が頻発していた。陂塘は、「郷人」同士の協調的な秩序のもとで運営されていたとは必ずしも言えなかった。前掲「重修大豊陂記」で王思誠が自ら牲酒を霊祠に供え、「郷傑」(郷里の有力者)と、耕地を隠さないこと、力を併せ、心を斉しくして始終怠りなきことを誓約する必要があった事実は、逆に考えれば、そうした行為が当時横行していたことを示している。つまり、有徳の「郷人」「邑士」は、協調的な自律的秩序を求め、それに応じる「郷人」「邑士」もいたが、彼らの指導力には限界があり、協調を乱す有力者も多くいたのである。このように田価が上昇した中期以降には、陂塘はしばしば非協調的に利用されることが多くなっていた。しかも、「郷人」の中には、陂塘を占有するだけではなく、土地(耕地)の兼併を行うものも多くなっていた。『皇明条法事類纂』巻二〇、戸部類、債主関俸問不応にはこのように書かれている。

成化十(一四七四)年八月八日。礼部等の衙門が民の状況について上申した。内容は以下のとおり。江西布政司吉安府廬陵県の民、王集典が上申した一件。現在天下において「小民」の害となるものの中で、「豪強之徒」より甚だしいものはない。自分に財力があるのをいいことに、おつきを手先として、自己の威勢を強めている。「貧民」で彼の耕地で佃耕している者は、自然災害にあっても、全額租を強制的に徴収されている。銭を貪る(借金してしまった)者は、皆禁令に違犯して搾取されている。……ある者は強制的に子供を使用人にされ、またある者は強制的に耕地や住宅を取られ(「豪強之徒」のものにされ)ている。戸役で動員され、税糧を多く取られるものがおり、「小民」は安穏な生活ができず、多くは他の地へ逃れている。「小民」を安んじる計をなすには、まず民害を取り除くことが先決である(14)。

王集典は「天下」と言っているが、ここに書かれている内容は主に吉安府で起きていたことに基づいて書かれていると考えられる。吉安府では、富民（「豪強之徒」）が、自分の土地で耕作を請負っている「貧民」（自作農をしている小民であろう）から不当に小作料を徴収して、小民の耕地や住宅を奪う行為が問題化していた。富民は不当に小作料を徴収するといった小民との協調を重視しないやり方で利益を追求していたようである。このように富民から被害を受けた小民は訴訟を起こすようになっていたらしい。その様子について、『皇明条法事類纂』巻四八、刑部類、欠題にはこのように書かれている。

成化十一（一四七五）年十二月二十一日。礼部等の衙門の尚書等の官僚が民の状況について題奏したこと。その内容は以下のようなものである。一、直隷池州府貴池県儒学訓導陳離が上申した民害に関する事。臣らが見ますところ、江西地方の「小民」の多くは、「勢要」「土豪」「大戸」に田地を占拠耕作されたり、墓地を奪われたり、不動産をだましとられたり、暴力を受けています。（「小民」は）里老に訴えでていますが、（里老は）「富豪」を恐れて、裁決を不公平にしています。（「小民」は）県に訴えでていますが、普段から「富豪」は（県衙の人々と）よく知っているので、反って「小民」は、短ければ半年間、長ければ一・二年間拘束され、（「富豪」は）官吏に賄賂を贈って、里老や隣人の保証書だけで、妄りに偏向した判決を出させています。「小民」の不満はおさえられているので、（「小民」は）按察司や府に訴訟を起こし、またもとの判決の再審査を要求したりします。しかし県は結審していると偽って、曖昧にして上申するため、不満は解消されません。不満を解消するために御史のところに赴いて、御史が審査を行おうとしても、既に按察司や府・州県・里老の判決を経たものはみな受理しようとしないので、「小民」は不満を解消できず苦しんでいます(15)。

「小民」は「小民」とは書かれてあるが、奪われるだけの田地を持っていたことから考えると、ある程度は土地を持っていたことが分かる。つまり、富民（「勢要」「士豪」「大戸」「富豪」）が自作農をしている小民の田地・墓地などを奪った結果、被害者である小民が盛んに訴訟を起こしていたが、富民が県や里老に手を回していたので、適切な処置ができない状況になっていたということが分かる。そして、適切な処置がなされないため、小民は逃亡せざるをえない状況に追い込まれていた。

このことは、里老人（老人）による紛争解決という体制が、少なくとも明代中期の時点では、富民の勢力拡大により、機能を果たしにくい状況となっていたことを示している。ただ一方で、中期の時点でも小民はまず里老に訴えるという手続きをとっていたことから考えると、里老人制は一応機能していたことも確認できる。明代前期は、中期に比べれば田価が低かったので、「郷人」の利益追求の欲求は弱かったとみられること、また、前述したように、中期の時点でも父老的「邑士」の郷村での指導力が高かったことなどを考えると、それ以前の明代前期には里老人制はある程度は機能していた、つまり、明代前期には、里老人制の実施により、父老の指導のもと住民同士が協調しあう傾向が強い状況もあったと思われる。ただ、第一章で触れたようにこの時期の吉安府では「健訟」も認識されており、その体制には限界もあったと考えられる。

ところで、富民は自ら不正な訴訟も起こしていた。その様子について、『明憲宗実録』巻二八〇、成化二十二（一四八六）年七月壬戌の条には、以下のように書かれている（この史料は序言に掲載しているので、ここでは訳のみあげておきたい）。

江西の吉安府に推官を一人増やして刑事を処理させる件は、知府の張鋭の請願に従ったものである。鋭は、江西では多くの「大家」がしばしば四方からやってきた人々を集めて、党をなして非道なことを行っていること、吉安府では「健訟」が最も激しく、犯人として捕らえられ監禁されるものが、つねに千人に至る状況になっていること、官員が少なく決断できないので、（監禁された人々の）多くは痩せ細り死んでいることを理由として、推官を一人増やして、専門に訴訟対応をさせ、そのものには他の仕事はやらせないように請願した。法司はその内容を是とした。これは裁可された[16]。

富民（「大家」）が非道なことを行った結果、犯人として捕らえられる者が出たという経緯を考えると、犯人として捕らえられた者とは富民に訴訟を起こされて不当な罪で捕らえられた人々であると考えられる。富民が不正な訴訟を起こして利益追求を行った結果、訴訟も増え、地方政府はその対応に追われ、訴訟対策専門の人員を増加せざるをえない事態にまでなっていた。このように明代中期には、「健訟」は政府にとって負担のかかる深刻な問題となっていた。ところで、富民が訴訟を起こして利益を奪う対象は必ずしも小民ばかりではなく、競合相手の富民も含まれていた。『明憲宗実録』巻五六、成化四（一四六八）年七月癸未の条にはこのように書かれている。

江西吉安府知府許聡に勅を賜う。聡は任地に赴くにあたって（以下のように）上申した。吉安地方は、土地面積は広いのですが、耕作できる耕地はとても少なく、人はとても多いのですが、財産や穀物による利益は多くはありません。「文人」「賢士」はもとより多いのですが、「強宗」「豪右」も多く、あるものは互いに争いあい、あるものは互いに奪い合い、たちの悪い訴訟ごとが盛んに起っていて、たちの悪い気風が蔓延しています。近くは按察司や府に起こされる訴訟が日に八九百もあり、遠くは省や台で勘合されるものが一年に三四千にも達しています。巻き添えになって逮捕される人が多く、十人以下のことはなく、場合によっては数百数人に至っています[17]。

先述した呉氏の研究によれば、吉安府自体の田地面積は多かったので、耕地や穀物による利益が少ないという記述は、人口に比べると少ないという意味であると思われる。明代中期の吉安府では、穀物生産が盛んになり、かつ人口が多いという状況下で、富民（「強宗」「豪右」）が穀物によって得られる利益をめぐって互いに争い、それに伴ってたちの悪い訴訟が増加していた。こうした状況だからこそ、前述した王思誠のような、地域社会での協調的な秩序づくりを目指す有徳の「邑士」は、霊祠に他の有力者を集めて誓約の儀式をしなければならなかったものと思われる。このように明代中期の農業発達時（田価上昇期）には、富民が略奪的な行動をとり、富民同士の争いや小民との紛争が激化し、里老の紛争調停力が弱体化して、競合的な傾向の強い社会状態が出現していた。その結果、紛争が訴訟に発展していた。

こうした状況は、賦役負担の増大とそれによる田価の低落、そして当時の財政を支えていた銀の不足による穀賤（農産物価格の停滞）が見られた明代後期、特に十六世紀から十七世紀の初め（正徳～万暦年間）になると、新たな変化を見せるようになった(18)。正徳十五～十六（一五二〇～二一）年に江西監察御史を勤めた唐龍の「均田役疏」（陳子壮『昭代経済言』巻三所掲）には、江西河谷平野地帯の状況について、以下のように書かれている。

江西の「富豪」は、常日頃から耕地を購入しているにもかかわらず、土地台帳を作成する時期が来ると、里書に賄賂を贈って（不正工作をして）います。（租税の基準となる帳簿上の名義を、自分以外の）人戸に押し付けることを、「活灑」と言います。耕作者が逃亡しているところに押し付けることを、「死寄」と言います。（「大戸」が）子供を自己の戸から分家させているといいながら分家させていないことを、「畸零・帯管」と言います。（田土を全売買しても）名義は売主にとどめ、田土の一部しか移転登記しないことを、「包納」と言います。また、田土を全て移転登記しているのに、買主のものにならないようにして、田土が売主から離れても買主の手に収められず、買主がすべて収めていても売主からはそれがなくならないようにしていることを、「懸挂掏回」と言います。中央の官僚や進士・挙人に名義を移し、彼らの荘園であると偽る者は、台帳をごまかしており、戸名はすべて真実ではありません。図の未納分は、数十石になり、都の未納分は数百石になり、県では数千数万石になっています。

年々、租税や労役で、負担者が見つからないものは、みな「小戸」に負担させています。「小戸」が逃亡すると、里長に負担させ、里長が逃亡すると、糧長に負担させ、糧長も負担額が累積すると、皆逃亡してしまいます。ゆえに、人々はあちこちをさすらい、死んでゆき、戸口は減少しています。そして、悪党があちこちで強奪を公然と行うようになって、盗賊が出ています。ゆえに、争いはやまず、不正告発は日毎に増加し、訴訟が頻発しています。だいたいこういった弊害は、江西が最もひどく、江西の中では、吉安府が最もひどく、臨江府がそれに次いでいます。ゆえに、人々は、自分が糧長に当てられると、家族同士で泣き崩れ、親戚はお互いにあわれみます。世間では、「軍隊には徴用されてもよいが、糧長には充てられてはならない」という歌が謳われています[19]。

一般に、この時期の富民（「富豪」）は、賦役負担が増大したため、田土を売却して負担から逃れようとしていた[20]。しかし、上記の史料を見ると、吉安府など江西の河谷平野地帯では、穀物生産量が多かったためか、富民は田土を売却するのではなく逆に田土の兼併をしていた。こうした現象が見られた背景には、おそらく銀不足によって穀賤になったため、従来の収入を維持するためには、さらに多くの田土を必要とする事態になっていたことがあるように思われる。ただ、田土を兼併すれば、当然のことながら賦役の負担額は増大するため、富民たちは里書（胥吏）に人脈をつくって負担逃れをしようとしていた。また、中央の官僚や進士などに人脈をもつ者は賦役上の特権をもつ彼ら郷紳に「詭寄」（自分の耕地を偽って他人の名義にする行為）をしていた[21]。こうした人脈をもたない富民は、本来他人が負うべき負担まで負うことになり、結局、滞納・逃亡することになっていた。つまり、賦役負担の増大という状況下で、富民同士はさまざまな人脈を使って負担逃れ争いを展開するようになり、その結果、訴訟が頻発していた。『江西輿地図説』の撫州府、臨川県の項に「近来、賦の滞納が日々多くなっており、窃盗が次第に増え、訴訟が盛んになっている」（頃来逋賦日多、草窃漸起、獄訟滋熾）とあることを考えると、河谷平野地帯が多い撫州府でも同様な状況が見られたものと思われる。

以上、吉安府を中心に江西の河谷平野地帯における農業社会の変遷について見てきたが、その内容から、まず、この地では、明代前期には、田価が低迷していて「郷人」の利益追求が活発ではなかったことと、政府が父老に郷村の紛争処理をさせる政策（里老人制）を実施したことにより、父老的「邑士」の農業社会での指導力が向上し、住民同士の協調性が高まる社会状態になっていたことが分かる。また、中期になると、陂塘による穀物生産が進展し、田価が上昇して「郷人」たちが非協調的な行動をとるようになって、次第に、競合的な傾向の強い社会状態になってゆき、訴訟が多発するようになったことが分かる。明代後期には、そうした訴訟処理が政府にとって大きな負担となるような状況下で、人々が「健訟」をより強く認識するようになったと思われる。なお、こうした「健訟」で争われる内容は、田価が上昇した明代中期の段階では、主に陂塘や耕地をめぐる紛争が多かったが、後期になって賦役負担が増大すると、脱税に関する紛争が多くなるといったように、経済変動の影響を受けて変化していた。

三　江西山間地における開発と社会秩序

明代、贛州府など、広東や福建と境を接する山間地（贛州府を含めた周辺の山間地は「広東・福建・江西交界地域」と言われる）では、（特に中期以降）「土賊」や「山寇」などと呼ばれる武装勢力が起こす騒乱が頻発する状態が出現していた[22]。贛江上流に位置する贛州府・南安府などは山地の多い府であるが、こうした江西の山間地（山区）の社会秩序はどのようになっていたのであろうか。以下では、こうしたことについて、その中心地である贛州府の状況を中心に検証してみたい。

贛州府は、『皇明条法事類纂』附編、禁約江西大戸逼迫故縦佃僕為盗、其窃盗三名以上充軍例に、「南贛（南安府・贛州府）は領域が広いが山深くて住民はとても少ない」（南贛二府地方、地広山深居民頗少）とあるように、もともと山が多く住民が少ない場所であった。唐宋時代より、山間の盆地を中心に開発と移住が進み、河谷平野地帯と似た陂を使った農業が広く行われていたが、多くの領域を占める山地の開発はまだ本格化しておらず、盗賊行為や少数民族などによる反乱が多発する社会状況にあった(23)。また、宋代の贛州では「健訟」が認識されていたが、上記の状況から考えると、そうした社会風潮は主に陂による開発が進んだ地帯で見られたものと考えられる(24)。

ところが、明代中期頃になると、商品作物売買が活発化する状況下で、他地域から流入した人々（無産失業農民）などによる商品作物栽培が山地で本格化していった（こうした経済発展のあり方は「山区経済」と言われる）(25)。その具体的な状況について、嘉靖年間に南贛巡撫を勤めた周用の「乞専官分守地方疏」（『周恭粛公集』巻一九、奏疏所掲）にはこのように書かれている。

南贛地方には田地や山場が広がっており、穀物や竹木が多く生育していて、そうした利益のあるところには人々が殺到しています。吉安府などの各県の人々が年中やってきて金になることを企んでいて、徒党を組んでむらがり、日に日に勢いを増しており、穀物を搬送したり、竹木を伐採したり、靛（天然あい）や杉を植えたり、炭を焼いたり板を切ったりする状況があちこちで見られます。また彼らの多くは山戸の田主と結託して土地を買い、客戸でありながら地主となり、徭役や租税は他人の名前にして、「貧弱」にしわ寄せがいくようにしています。また来歴不明の人々がやって来ては佃戸や傭工となり、（彼らは）斎人教師などをかたって、多くは本分を守らないで、かくれて窃盗を行っています。時として、集団でやってきて、強奪行為をすることもありますが、見つけ出すことはできません(26)。

南贑地方では、隣県の人々が、この地で得られる穀物や竹木などによる利益を求めて群がる形態をとりながら開発(山地開墾)が進行していった。隣県より来た人々は地元の山戸(田主)の土地で請負耕作などを行い、田主と結託して、徭役租税を逃れていた。

その後の明代中期から後期の段階の社会状況については、北村敬直氏や森正夫氏、今湊良信氏、唐立宗氏、黄志繁氏の研究などで詳しく検証されているので、以下では、そうした研究などを参照しつつ、社会秩序の変遷について考察をしてみたい(27)。主に今湊氏や唐氏の研究によれば、明代中期の社会変遷の概略は以下のようなものである。明代中期には、地主(田主)が無産失業農民を集めて盗賊集団を形成する現象や、農民が地主の影響下から離れて強盗化する現象が見られ、治安が悪化したため、弘治八(一四九五)年に南贑巡撫が設置された。しかし、正徳年間になると、無産失業農民の人口が地主層の招集許容範囲をこえ、商品作物栽培を生業としていた在来の少数民族であるショオ(シェー)族と無産失業農民が合流する形で、反乱が起こされた。彼らの反乱自体は南贑巡撫の王守仁(陽明)により鎮圧され、新秩序建設のため、「南贑郷約」が創始されたが、以後、その勢力は、来降者(新民)として、ある時は官軍になり、また、ある時は反乱軍になりながら、万暦年間の初めまで勢力を維持しつづけていた。こうした新民を中心とした在地の武装勢力は独自の秩序を形成していた(28)。

こうした状況下で、地域社会で起きた紛争はどのように解決されていたのであろうか。天啓『重修虔台志』巻八、事紀五、嘉靖四十五(一五六六)年五月の条には、「三巣の賊」と呼ばれた在地勢力の状況について、「現在広東の和平、龍川、興寧と江西の龍南、信豊、安遠の諸県の版図はもはや半ば侵略され、あらゆる租税や訴訟は、官があえて問い詰めない状況が長く続いている」(即今広東之和平、龍川、興寧、江西之龍南、信豊、安遠諸県版図業已蠶食過半、一応銭糧、詞訟、有司不敢詰問者、積有年歳矣)と書かれている。このように新民を中心とした在地勢力の支配下で起きた紛争処理に関しては、実質上、官が関与できない状況になっていた。その具体的なあり方については、例えば、天啓『贛州府志』巻一八、紀事志、嘉靖三十六（一五五七）年三月の条に、「（龍南県の土賊の頼）清規は、もとは平民で機知があった。以前は三浰討伐に従って功績をたて、後に本県の老人に当てられ、人々の紛争を善く調停し、争いをやめさせた。県官は（揉め事の処理は）いつも彼に委ねていた」（龍南賊頼）清規本平民素有機知。嘗従征三浰有功、後充本県老人、善為人解紛息闘。県官常委用之）と書かれているように、在地勢力の指導者を中心に紛争調停がなされ、県も彼らにそうした紛争処理を任せる状況になっていた。こうした状況は、広東・福建との交界地で、山地がとりわけ多く明代になって山地開発が進んだ龍南県や安遠県などにおいて顕著に見られたと考えられる。また、今湊氏や唐氏があげる事例などを見ると、在地勢力同士は、時に官の力を借りながら、武力を背景にしてせめぎあっていた。このように明代中期の山間地では、「土賊」という武装化した在地勢力を中心とする強い自律的な秩序が存在していたため、地域社会で起きた紛争が在地勢力の指導者によって調停される傾向や、在地勢力同士が武力を背景にしてせめぎあう傾向が見られた。

こうした紛争解決のあり方は、「土賊」が鎮圧され、新県（長寧県・定南県）が設置されるなど、この地域に対する明朝の地方統治能力が強まった明代末期（万暦年間）になると違った展開を見せた。例えば、贛州府の信豊県の状況について、『江西輿地図説』の贛州府、信豊県の項には、「他県から来た人々と地元の人々が互いに敵対しあい、毎年訴訟が起きている」（客主為敵国、頻年搆訟）とあるように、他県から来た人々と地元の人々の対立が訴訟に発展していた。また、広東・福建との交界地からやや離れている興国県の状況について、乾隆『興国県志』巻八、官師、蔡鍾有には以下のように書かれている。

万暦年間の末に、郷挙によって、知県事になった。……県内の「僑戸」には凶暴で悪賢く訴訟好きなものが多く、満足できないことがあると他県に籍のある人、他の三つ四つの県に籍のある人に頼んでいたるところで訴訟を起こさせ、その地で逮捕護送手続きを混乱させ、耳目を惑わしている。絶対勝てないと見ると、頑としてかくれて赴かず、すでに拘禁されていれば、ふたたび路上で身柄を取り返すのが常になっている。鍾有は上司に上申して、これを徹底して取り締まらせた(29)。

「土賊」勢力が弱体化した状況下で、「僑戸」(他県から来た人々)が盛んに訴訟を起こす傾向がみられた。前掲の史料で隣県の人々がやってきて佃戸となっていたと書かれていることから考えると、こうした「僑戸」の中には佃戸となるものが多かったと言える。そうした佃戸の状況については、清代初期の状況についてであるが、道光『瑞金県志』巻一六、雑志、兵寇に以下のような記述がある。

考えるに、「田賊」の害は「奸民」が人々を駆り立てて乱を起こしているとはいっても、当時の役所が一時しのぎをして「奸民」の好きなようにさせていたために起きたのである。その意図を考えるに、田主の勢は額外の負担を強いることによって佃戸を搾取していることにあるので、努めてそれを除き、「勢力家を恐れない」という評判を取ろうとすることにあるようである。(しかし)江浙撫吉の諸地域では「勢家」「宦族」といったものがいるが、贛州府では佃戸が強く田主が弱い状況にあり、事態はかなり違っている。……雍正七(一七二九)年、安徽の人が郡守となったが、彼には荊公(王安石)の学術はなく、しかも片意地をはって、「下戸」に心を傾けすぎていた。「奸徒」はその意向を察して、すきに乗じて動き、もろもろの遊手を集めて、郷ごとに搾取し、畝ごとに銭をとり、自ら原告となって、名款を創立して、田主を誣告するようになった。そのあらましはだいたい批賃・桶子・白水を改めることを内容としていたが、郡守はこれを信じて、各県に通達を出したため、悉く変更することになり、田主と佃戸が訴訟合戦をして、それが長引く状況となった。なぜ批賃というものが必要なのであろうか。瑞金県の耕地は、価格が高くて租税が安い。だいたい佃戸の取り分は田主の三倍もある。また、裏作や豆・麦・油菜、及びタバコ・いも・しょうがによる利益もあるが、慣例で租は収めない。田主は費用を沢山費やしたうえに徭役や租税がある。陂塘水利は毎年修理をしなければならないのに、佃戸は一切それをしない。ゆえに批耕の時に金銭を少しばかり納めて、田主の負担する重い費用に報いているのであり、それを十年に一回行っても、まだ百分の一にも及ばず、不当とはいえない(30)。

贛州府では、佃戸は、租が安いうえに、租をとられない豆・麦・油菜・タバコ・いも・しょうがの栽培もしていたため、田主の取り分の三倍もの利益を得ていたが、陂塘などの管理とそれにかかる費用の多くを田主に押し付けていた。しかもそれだけにはとどまらず、さらなる利益を求めて、難癖を付けては田主を誣告していたようである。明代末期に見られる「僑戸」による訴訟の頻発といった状態の背景には、こうした佃戸の動向があったと思われる。

なお、「土賊」勢力が弱体化したとは言え、万暦年間になっても、広東との交界地に位置する定南県では、『江西輿地図説』の贛州府、定南県の項に「定南県は土賊の拠点であった。(土賊は) 隆慶年間 (一五六七〜七二年) に討伐され、また、説得させられた。……人々の性格は野蛮で荒々しく、……法でもって治めがたい状態となっている」(定南故巣峒地。隆慶中、撫剿安集之。……民性獷悍、……難以文法治也) とあるように、どちらかと言えば「健訟」状態といよりは騒乱的な状態が続いていたようである。そして、北村敬直氏によれば、明末清初 (特に三藩の乱の頃) には、再び「土賊」が佃戸と連合して騒乱を起こし (この連合体を「田賊」と言う)、田主を攻撃し、官憲も手を出せない状況が出現していたようである(31)。こうしたことから考えると、山間地では「土賊」勢力が強い時は騒乱状態となり、弱くなると訴訟が多発する状態となっていたと考えられる。

おわりに

明代前期には、一般的に田価が低迷していたが、江西も元末の動乱の影響を受けて、農業不振に見舞われていた。こうしたなか、河谷平野地帯では、田価の低迷により「郷人」の利益追求が活発ではなかったことと、政府が父老に郷村の紛争処理をさせる政策（里老人制）を実施したことにより、父老的「邑士」の指導力が向上し、彼らの指導のもとで陂塘が整備され、紛争も処理されるという住民同士が協調する傾向が強い社会状態が出現していた。しかし、明代中期以降、穀物生産が盛んになって田価が上昇し、他の「郷人」に対する侵害行為などが活発になり、富民同士や富民と小民の間で紛争が発生するようになった。その結果、訴訟が多発した。一方、デルタ地帯の明代前期の状況については十分検証できていないが、明代中期頃には郷老・父老が指導力を発揮する状態がみられた。しかし、明代後期には、不安定な社会状態になる傾向が強くなっていたようである。

また、明代中期の江西山間地では、商品作物の栽培が盛んになり、人々が他の地域から流入して「山区開発」をするようになり、やがて「土賊」的な在地勢力が出現し、政府の支配力が弱体化している中で、紛争が在地勢力の指導者によって処理されるような自律的な秩序が強い状況が出現する一方、在地勢力同士の間では武力抗争も起きていた。しかし、明代末期に「土賊」的な在地勢力が討伐されて、政府の支配力が強化されると、訴訟が多発する傾向が強まった。以上の展開をみると、政府の支配力が弱体化している時は武力抗争的な社会状況がみられ、政府の支配力が強化されている時は訴訟が多発する社会状況がみられるといったように、地域社会に対する政府の支配力の変化に従って、社会秩序が変容していたことが分かる。

註

（1）岸本美緒「明末の田土市場に関する一考察」（『山根幸夫教授退休記念明代史論叢』、汲古書院、一九九〇年、後に『清代中国の物価と経済変動』、研文出版、一九九七年収録）。

（2）呉金成（訳・渡昌弘）『明代社会経済史研究—紳士層の形成とその社会経済的役割—』（汲古書院、一九九〇年）第二篇、第一章「江西鄱陽湖周辺の農村社会と紳士」。同「明中期以後江西社会的動揺及其特性」（『第七届明史国際学術討論会論文集』、東北師範大学出版社、一九九九年所収）。許懐林『江西史稿（第二版）』（江西高校出版社、一九九八年）。施由明『明清江西社会経済』（江西人民出版社、二〇〇五年）。

その他に本稿では以下の文献も参照した。魏嵩山・肖華忠『鄱陽湖流域開発探源』（江西教育出版社、一九九五年）。王社教『蘇皖浙贛地区明代農業地理研究』（陝西師範大学出版社、一九九九年）。傅衣凌『明清農村社会経済』（生活・読書・新知三聯書店、一九六一年）。草野靖『中国近世の寄生地主制—田面慣行』（汲古書院、一九八九年）。小山正明『明清社会経済史研究』（東京大学出版会、一九九二年）。濱島敦俊『明代江南農村社会の研究』（東京大学出版会、一九八二年）。

（3）前掲呉『明代社会経済史研究』第二篇、第一章「江西鄱陽湖周辺の農村社会と紳士」参照。

（4）「明邑人張元禎富大二圩碑記」（同治『南昌府志』巻三、地理、南昌圩隄、所掲）「吾南昌鍾陵等都父老群詣吾廬言。各都下……民田殆数十万畝、民賦殆数十百石。常年章江水漲、下流為趙家等圩障扼水輒溢入、大為民田之災。……蓋富人択田多高饒、小民余田多卑窪。卑窪之田雖迭被災傷、而賦役有定、非可脱者。賠納承当不免挙貸。挙貸不足継以典鬻。典鬻已罄不容不逃。其為痛苦無告百有余年於茲矣。宣徳正統間、郷官教諭胡希岳嘗奉文興築長圩、貧民無福、功竟未挙。今宏治十二年冬十月吾等郷老具情走愬於郡守祝侯」。

（5）山本英史「健訟の認識と実態―清初の江西吉安府の場合―」（『宋―清代の法と地域社会』、財団法人東洋文庫、二〇〇六年所収）には、「健訟」に関する言説が後の時代に常套的になってゆくことについて指摘されている。

（6）康熙『西江志』巻一五、水利、吉安府の項「明洪武初年、州判潘枢重修。正統六年、知県何澄修築寅陂、兼引蜜湖為渠、灌注民田。嘉靖間、県丞王鳴鳳大加修築」。

（7）康熙『西江志』巻一五、水利、吉安府の項「明洪武三年、万安知県陳廷輝督修陂塘。二十七年、邑人匡思堯以民間旱潦之苦、絵図陳奏、特命官為修挙。……二十八年、遣官修築信豊女陂、袁屋陂、李荘陂共灌田八十六頃有奇」。

（8）乾隆『泰和県志』巻三、輿地、陂塘の項「尹上陂、亦在雲亭郷、自逢嶺発源。明永楽八年、郷人尹務厚率農修築。因以得名」。

（9）乾隆『龍泉県志』巻一二、政事志、水利、大豊陂の項「即古南澳陂。……四廂三都之田倶受灌注。……明天順甲申、里民王思誠倡義重修。邑人項倬記」。なお、後掲曹「明清時期的流民和贛南山区的開発」では、龍泉県を山区とし、沿江に平原があるが、全体としては山区が多いとしている。陂塘が作られたのは平原付近であると思われる。

（10）乾隆『龍泉県志』巻一二、政事志、水利、大豊陂の項所掲項倬「重修大豊陂記」「天順甲申、邑士七十二翁王君思誠惻然興念曰、大豊陂之作当順水勢依岸築堤上接灘水、迺経久之計也。会其田畝量其工力、為圳二百余丈、毎田一石出穀二斗五升、大約八百余石可以傭工、遂介公勤合志者、専理工人日餉。七月八日、思誠翁自費牲酒於霊祠、会諸郷傑盟誓、不許隠田、併力斉心始終無怠。遂售泰和工人三十人、造小舟五隻与工人、載石。経始於天順八年八月三日功成於成化元年三月之晦也」。

（11）康熙『西江志』巻一五、水利、吉安府の項「明万暦二十八年、泰和邑人郭元鴻募工疏鑿雲亭阜済渠。三月而成。渠長六里、蔭田万畝」。

（12）万暦『江西省大志』巻四、漑書「諸県陂塘歳久籍湮廃、大家勢族稍騖利専之。有壅漑己田者、塡淤為平地者、衆持不脩者。県官不時察致占塞、争訟繁興」。

（13）前掲岸本「明末の田土市場に関する一考察」参照。

（14）『皇明条法事類纂』巻二〇、戸部類、債主関俸問不応「成化十年八月初八日。礼部等衙門題、為建言民情事。計開。江西布政司吉安府廬陵県民王集典言一件。方今天下為小民之害者、莫甚於豪強之徒。挾其富盛之勢、又有伴当為爪牙、以助其威。彼貧民佃其田者、雖兇災水旱、亦不免被其勒取全租。貪其銭者、則皆被其違禁酷取。……或挾要其子女、以為駆使、或勒写其田宅、以為己有。有因戸役而勒害、有因税糧而過徴、使小民不得安生、而多逃移他処。為今安養小民之計、必先於除去民害」。

（15）『皇明条法事類纂』巻四八、刑部類、欠題「成化十一年十二月二十一日、礼部等衙門尚書等官等題、為建言民情事。計開。一、直隷池州府貴池県儒学訓導陳離言事一件、民害事。臣等窃見江西地方小民、多被勢要土豪大戸占種田地、侵奪墳山、謀騙産業、殴傷人命。状投里老、畏懼富豪、受私偏判。反告到県、平日富豪人情稔熟、反将小民監禁、少則半年、多則一二年之上、賄属官吏、止憑里老地隣保結妄行偏断。小民屈抑、又逃司府伸訴、又行吊査原案。本県妄称問結、一概朦朧申覆、屈抑不伸。及赴御史処伸冤、御史又行査審、曾経司府州県里老剖判過者、俱不行准状、以致小民卒至含冤受苦」。

（16）『明憲宗実録』巻二八〇、成化二十二年七月壬戌の条。序言の註（4）参照。

（17）『明憲宗実録』巻五六、成化四年七月癸未の条「賜江西吉安府知府許聡勅。聡将之任上言。吉安地方、雖広而耕作之田甚少、生歯雖繁而財穀之利未殷。文人賢士固多而強宗豪右亦不少、或互相争闘、或彼此侵漁、囂訟大興刁風益肆。近則投詞状于司府日有八九百、遠則致勘合於省台歳有三四千。往往連逮人衆、少不下数十、多或至百千」。

（18）前掲岸本「明末の田土市場に関する一考察」等参照。

（19）唐龍「均田役疏」（陳子壮『昭代経済言』巻三所掲）「江西有等巨室、平時置買田産、遇造冊時、賄行里書。有飛灑見在人戸者、名為活灑。有暗蔵逃絶戸内者、名為死寄。有花分子戸不落戸限者、名為畸零帯管。有留在売戸全不過割者、有過割一二、名為包納者。有全過割者、不帰本戸、有推無収、有総無撤、名為懸掛掏回者。有暗襲京官方面、進士挙人脚色、捏作寄荘者、在冊不過紙上之捏、在戸尤皆空中之影。以致図之虚、以数十計、都之虚、以数百計、県之虚、以数千万計。逓年派糧編差、無所帰者、俱令小戸陪償。小戸逃絶、令里長、里長逃絶、令糧長、糧長負累之久、亦皆帰於逃且絶而已。由是流移載道、死亡相枕、戸口耗矣。由是鼠狗窃発、劫掠公行、盗賊興矣。由是争闘不息、告訐日滋、獄訟繁矣。大抵此弊惟江西為甚、江西惟吉安為甚、臨江次之。故凡人遇僉当糧長、大小対泣、親戚相弔。民間至有寧充軍、毋充糧長之謡」。

この史料に書かれている「詭寄」の内容については、後掲清水「明代に於ける田土の詭寄」のなかで詳しく考察されている。

(20) 前掲岸本「明末の田土市場に関する一考察」参照。

(21) 以下の文献等参照。清水泰次「明代の税・役と詭寄(上・下)」(『東洋学報』一七―三・四、一九二八・二九年)。同「明代に於ける田土の詭寄」(『地政』六―四、一九四一年、後に『明代土地制度史研究』、大安、一九六八年収録)。

(22) 以下の文献参照。今湊良信「明代中期の「土賊」について―南贛地帯の葉氏を中心に―」(『中国史における乱の構図』、雄山閣出版、一九八六年所収)。甘利弘樹「明末清初期、広東・福建・江西交界地域における広東の山寇―特に五総賊・鍾凌秀を中心として―」(『社会文化史学』三八、一九九八年)。同「華南山間地研究へのアプローチ―広東・福建・江西交界地域を中心として―」(『歴史評論』六六三、二〇〇五年)。唐立宗『在「盗区」与「政区」之間:明代閩粤贛湘交界的秩序変動与地方行政演化』(国立台湾大学文学院、二〇〇二年)。黄志繁『「賊」「民」之間:一二―一八世紀贛南地域社会』(生活・読書・新知三聯書店、二〇〇六年)。

(23) 宋代贛州の状況については以下の文献等参照。後掲曹「明清時期的流民和贛南山区的開発」。青木敦「健訟の地域的イメージ―一一~一三世紀江西社会の法文化と人口移動をめぐって―」(『社会経済史学』六五―三、一九九九年)。佐竹靖彦「宋代贛州事情素描」(『青山博士古稀紀念・宋代史論叢』、省心書房、一九七四年、後に『唐宋変革の地域的研究』、同朋舎出版、一九九〇年収録)。前掲黄志繁『「賊」「民」之間』。

なお、前掲黄『「賊」「民」之間』では、この地が「強悍」の地とされた背景には、官府の統治力の弱さと私塩を販売する集団の活動の活発化があったとの指摘がなされている。

（24）前掲青木「健訟の地域的イメージ」参照。

（25）明清代贛州府における「山区経済」の状況については以下の文献等参照。傅衣凌「明末清初閩贛毘隣地区的社会経済与佃農抗租風潮」（『明清社会経済史論文集』、人民出版社、一九八二年所収）。曹樹基「明清時期的流民和贛南山区的開発」（『中国農史』一九八五―四）。蕭麗「明清時期贛南地区的開発与城郷商品経済」（『第七届明史国際学術討論会論文集』、東北師範大学出版社、一九九九年所収）。楊国楨「明清東南区域平原与山区経済研究序論」（『中国社会経済史研究』一九九五―二）。

（26）周用「乞専官分守地方疏」（『周恭粛公集』巻一九、奏疏所掲）「南贛地方田地山場坐落開曠、禾稲竹木生殖頗蕃、利之所在人所共趨。吉安等府各県人民年常前来謀求生理、結党成群、日新月盛、其搬運穀石、砍伐竹木、及種靛栽杉、焼炭鋸板等項、所在有之。又多通同山戸田主、置立産業、変客作主、差徭糧税、往来影射、靠損貧弱。又有一種来歴不明之人前来佃田傭工、及称斎人教師等名色、各多不守本分、潜行盗窃。間又糾集大夥、出没劫掠、不可踪跡」。

（27）各氏の研究は以下のとおり。北村敬直「寧都の魏氏―清初地主の一例」（『経済学年報』七・八、一九五七・五八年、後に「魏氏三兄弟とその時代」と題を改め『清代社会経済史研究』、朋友書店、一九七二年収録）。森正夫「十七世紀の福建寧化県における黄通の抗租反乱（一）（二）（三）」（『名古屋大学文学部研究論集（史学二〇・二一・二五）』五九・六二・七四、一九七三・七四・七九年）。前掲今湊「明代中期の「土賊」について」。前掲甘利「明末清初期、広東・福建・江西交界地域における広東の山寇」。前掲同「華南山間地研究へのアプローチ」。前掲唐『在「盜区」与「政区」之間』。前掲黄『「賊」「民」之間』。

（28）前掲今湊「明代中期の「土賊」について」。前掲唐『在「盜区」与「政区」之間』。なお、「南贛郷約」に関する研究は多いが、その実態に関する研究は多くはないようである。実態について書かれたものとしては、黄志繁「郷約与保甲：以明代贛南為中心的分析」(『中国社会経済史研究』二〇〇二―二)、前掲同『「賊」「民」之間』などがある。

(29)乾隆『興国県志』巻八、官師、蔡鍾有「万歴末、由郷挙知県事。……邑中僑戸多桀黠喜訟、不得逞則更託他籍或一人而三四籍者偏控。於其地関提淆乱熒惑耳目。視必不勝之処、則堅匿不赴、既受拘復截奪於路、以為常。鍾有請於上僚、痛釐治之」。

(30)道光『瑞金県志』巻一六、雑志、兵寇「旧按、田賊之害雖由奸民鼓衆倡乱、亦由当時有司姑息縦奸所致。其設心以為、田主之勢足以欺圧佃戸必有額外苛索、故力為鋤抑、以博不畏彊禦之名。不知此在江浙撫吉諸処、勢家宦族容或有之、若贛属則佃強主弱、事勢迥別。……雍正七年、有皖人来為郡守、無荊公之学術、而有其執拗、意在偏袒下戸。奸徒窺見意旨、遂乗釁而動、聚諸遊手、沿郷科歛、按畝索銭、挺身為詞首、創立名款、用誣田主。其大端則以革批賃桶子白水為詞、郡守信之、檄行各県、悉為革除、以致主佃相獄、累歳未已。不知批賃者、瑞邑之田、価重租軽、大約佃戸所獲三倍於田主。又有晩造豆麦油菜及種煙与薯芋蔷菜之利。例不收租。田主既費重価、又納糧差。凡陂塘水利歳有修理、佃戸一切不与。故於批耕之時、量出些微、以少答田主之重費、嗣後十年一次、尚不及百分之一、未為過也」。

この史料については、前掲草野『中国近世の寄生地主制』等の中で詳しく紹介されている。

(31)前掲北村「魏氏三兄弟とその時代」。

結語

所謂「唐宋変革」を経た宋代には、周知のように、農業や鉱山業などが発達し、余剰農作物などが市場に大量に売却され、貨幣経済が発展して、海上交易も活発化したと言われている。しかし、実は、そうした経済発展を支えた農業や鉱山業は人々が利害を調整しないで互いに争奪・競合しているような不安定な社会状態を伴って発達していた（以下では便宜上、こうした社会状態のことを「競合的社会状態」と呼ぶことにしたい）。本書では、その実態について明らかにしてきたが、結語では、その内容について整理し、伝統中国の社会秩序に共有される（地域的・時期的）変化の論理について、第一章で述べた「社会秩序の理念的類型」を使って考えてみたい。

宋代の代表的な鉱山として知られる江東信州の鉛山場では、政府が鉱山経営の請負制（「承買制」）を実施すると、次第に富民（「有力之家」）が非協調的な姿勢をとりながら商業的な利益追求を行って、お互いに争うようになった。一方、穀物生産が盛んであった江西と江東饒州のデルタ地帯では、耕地にあまり労働力を投下しなくても、豊作の時に多くの穀物が得られるようなデルタ型の農業が盛んになる中で、富民が不正な訴訟を起こして他人の土地を奪うという非協調的かつ略奪的な利益追求を行っていた。また、「農民」たちが他人の耕地で得られる穀物を奪って税は他人に押し付けて脱税をするという非協調的な姿勢をとりながら、穀物をすぐに売却するという商業的な利益追求を行って、お互いに争うようになっていた。こうした状況下で、江東信州の鉱山や江西のデルタ地帯の農業社会では「競合的社会状態」が醸成されていた。

さらにこうした社会状態がみられる状況下で、政府が訴訟制度（州県で訴訟を受理する制度）を実施し、在地社会の父老などに訴訟の処理を任せる仕組みを作らなかったこと、加えて、富民などの不正行為に対処するために政府が「不正（脱税）告発の奨励」を行ったことにより、人々の争いが訴訟合戦に発展していた。その結果、「訴訟多発型紛争社会」的な状況が出現していた。特に「不正告発の奨励」という宋代特有の政策が「訴訟多発型紛争社会」的な状況の出現に果たした役割は大きかった。このように、産業の発達に伴って醸成された「競合的社会状態」と「政府主体の訴訟処理体制」「政府による不正告発の奨励」の相互作用により、宋代の江東信州の鉱山や江西デルタ地帯の農業社会では、「訴訟多発型紛争社会」的な状況が出現していた。

こうした「競合的社会状態」は、鉱山やデルタ地帯のように、もともと人々の流動性が高いところだけでみられたわけではなかった。陂塘の建設が進み、集約的な農業が普及しつつあったことにより、耕地に労働力が投下される度合いが高くなっていた江西の河谷平野地帯でも、デルタ地帯と同様に穀物生産が盛んになっていたが、富民が陂塘の水を独占して他人に水が行かないようにしてしまうといった非協調的な行動をとっていた。また、穀物売買の場では、生産者が個々に競合しながら穀物を売却していたが、利益をめぐる紛争や訴訟が起きやすい状況になっていた。このように河谷平野地帯の農業社会も、「競合的社会状態」になっていた。こうした地には、陂塘の協調的な利用を目指す人々もいたが、彼らが自力で紛争の解決や協調的な秩序を建設することは難しかったらしく、彼らは官（行政）の力を借りてそれらのことをしていた。江西の農業社会に父老と呼ばれる顔役たちがいたことや陂塘の協調的な利用を摸索する人々がいたことから考えると、江西の河谷平野地帯には、何らかの自律的な秩序があったと考えられるが、紛争の解決に関して言えば、そうした父老はあまり指導力を発揮できていなかった。その指導力には限界があったと思われる。つまり、「父老の紛争処理能力の弱さ」と「政府主体の訴訟処理体制」の相互作用により、「競合的社会状態」の中で起きた人々の争いが訴訟合戦に発展して、「訴訟多発型紛争社会」的な状況が出現していたと考えられる。この地は、宋代には開発が相当程度進んでいたが、このように、開発の進展に伴って「訴訟多発型紛争社会」的な状況が出現していたのである。そうしたなか、必要に迫られて所謂「訟学」といったものが盛んになり、社会の「訴訟多発型紛争社会」的な傾向をより強めたと思われる。

以上のような「訴訟多発型紛争社会」的な状況は、宋代に海上交易の中心地として発展していた明州（慶元府）の沿海部（「砂岸」）でも出現していた。この地はもともと政府の影響力が及びにくく、海上交易で得られる利益を求めて、富民（「大家」「上戸」）を中心とする在地勢力（「砂主」勢力）が人々から利益を奪うようになっていた。状況からみると、「武力抗争型紛争社会」的な傾向が強くなっていた。このような社会状況になっているところに、税場が置かれて、政府の影響力が強化されると、在地勢力同士が徴税の請負に関して激しく争うようになり、それが訴訟合戦に発展していた。徴税の請負という名目がないと富民が沿海部の住民（「砂民」）を統率できなかったことから考えると、もともと沿海部は、富民をまとめ役とする「砂民」の利害調整組織のようなものが作られにくい「競合的社会状態」になっていたと言える。そうした地で、政府の影響力が大きくなった結果、「訴訟多発型紛争社会」的な傾向が強まったのである。このように「訴訟多発型紛争社会」的になるか「武力抗争型紛争社会」的になるかは「政府の影響力のあり方」に左右されていた。このことから伝統中国の社会秩序は、その地に対する「政府の影響力のあり方」により容易に変化していたことが分かる。

以上のことから、宋代の経済発展を支えた農業や鉱山業、そして、海上交易が「訴訟多発型紛争社会」的な状況を生み出しやすい要素を多分にもっていたことが確認できる。では、このようにして出現した「訴訟多発型紛争社会」

的な状況はその後どのようになっていったのであろうか。元代の江西でも「健訟」が強く認識され、「訟学」が盛んになっていたことを考えると、宋代と同様の状況が続いていたと思われる。しかし、明代に入ると、こうした状況に大きな変化がみられた。明朝政府は「政府主体の訴訟処理体制」「不正告発の奨励」といった従来の政府の施政方針を大きく転換し、里老人制（老人制・里老裁判制度）という父老（里老）に民事的な訴訟の処理を任せる体制の構築を目指した。こうした政策は、国家が父老（里老）の指導力を強化して「在地主導型安定社会」的な状況を構築する試みであったと言えるが、里老人制を国家が実施した点に着目すれば、「政府主導型安定社会」的な体制づくりであったと言うこともできる。

明代前期の江西河谷平野地帯では、穀物生産不振となり、田価も低下するなど、経済が低迷していて、人々の利益追求があまり激しくなかったため、父老的「邑士」が主導し、富民同士が協力して陂塘が整備された事例が河谷平野地帯でみられるように、「競合的社会状態」が「協調的社会状態」的になる傾向がみられた。しかし、社会状態が基本的に競合的な性格を持っていたことには変わりはなかったようである。明代前期にも「健訟」が認識されつづけたことはそれを示唆している。そのため、明代中期以降、穀物生産が再び盛んになり、田価が上昇して、経済が発展すると、また、富民による土地兼併が横行して、陂塘・耕地争いが激しくなった。こうして「協調的社会状態」も再び「競合的社会状態」になっていった。こうした中で、里老人制も次第にその本来の機能を低下させて、「在地主導型安定社会」的状況は崩壊へと向かった。その結果、訴訟が多発して、「訴訟多発型紛争社会」的な傾向が強まった。さらに、明代後期になって賦役負担が増大すると、(税を他人に押し付けて) 脱税するという非協調的な行為が横行するようになり、それに関する訴訟が増加した。そして「訴訟多発型紛争社会」的な傾向がより強まっていった。検証が不十分であるが、デルタ地帯も、明代後期には、そうした傾向が強まっていたようである。

一方で、明代中期以降、江西の山間地では、河谷平野地帯とは異なる社会秩序の展開がみられた。当時、この地では、商品作物の栽培が進み、他の地域から人々が流入して「土賊」的な在地勢力が台頭していたが、政府の影響力が低下していたので、こうした在地勢力の指導者が主導した「在地主導型安定社会」的な状況が出現していた。政府は在地社会で起きた紛争の処理はそうした指導者に委ねざるをえない状況となっていた。政府が紛争処理を「委ねる」というよりも「委ねざるをえない」という点、「強力な自律的秩序が確立していた」という点は河谷平野地帯とは異なる特色であると言える。ただ、在地勢力の支配下で以上のような状況がみられる一方で、在地勢力同士は激しい武力抗争を展開していた。山間地全体からみれば、「武力抗争型紛争社会」的な状況になっていた。こうした江西の山間地は、明代後期になると、大きな変化を遂げた。明朝政府が「土賊」的な在地勢力を討伐したことにより、政府の影響力が強化されたため、在地社会を指導する強力な指導者がいなくなり、人々の争いが訴訟に発展するようになり、この地の社会は「訴訟多発型紛争社会」的な傾向を強めていった。このように、(紛争の構図の差異はあるものの) 明代末期には、河谷平野地帯だけではなく、山間地でも「競合的社会状態」がみられ、「訴訟多発型紛争社会」的な状況が出現するようになった。江西デルタ地帯でも、明代末期には宋代と似たデルタ型の農業に伴う「競合的社会状態」がみられ、「訴訟多発型紛争社会」的な状況が出現していたようである。

その後の清代になると、江西の各地におけるこうした「競合的社会状態」や「訴訟多発型紛争社会」的な状況はどのようになったのか。従来の研究などによれば、土地交易がより進展して、「田面田底慣行」という一種の二重所有権的な土地法慣行が出現するなか(1)、やはり「健訟」が認識されつづけていた(2)。また、清朝政府は、明代初期のような里老人制は実施しなかった(3)。こうしたことから考えると、(今後詳しく検証する必要があるが)「訴訟多発型紛争社会」的な状況が続いていたと思われる。つまり、宋代の江西で出現した「訴訟多発型紛争社会」的な状況が「基本形」となり変化をとげつつ清代までつづいていたように考えられる。夫馬進氏は、明代の里老裁判制度崩壊以降、訟師が活躍し、訟師秘本が広範に流布して、訴訟を誘発していたと述べ(4)、また、山本英史氏は、清代に本格化した士人層による訴訟の請負をともなう訴訟制度が「健訟」を誘発していたと述べているが(5)、宋代江西の「訟学」同様、「訴訟多発型紛争社会」的な状況のなかで生まれた訟師や訟師秘本がさらにこうした社会を発展させる働きをしていたのではないかと思われる。

さて、法(裁判・訴訟)と社会秩序の関係を地域社会という視点から、また、経済発展のあり方に着目して分析するという本書の検証作業により、伝統中国の社会秩序(に共有される変化の論理)の何が明らかになったのであろうか。明清時代の「健訟」について、夫馬氏は、「「好訟の風」「健訟の風」を生み出した根本原因は、明清時代の訴訟そのものが万人に開かれていたことであった」と述べ(6)、山本氏は、「江西に特有に見られるものでもなく、清代の訴訟制度と科挙制度が機能するところでは多かれ少なかれ存在した」と述べている(7)。訴訟制度が「健訟の風」を生み出す根本原因であったことは事実であるが、本書の内容から考えると、山本氏が「宋元時代に何らかの原因で形成された」と述べているように(8)、それだけで「訴訟多発型紛争社会」的な状況が出現したわけではなかったことが分かる。そもそも制度的な側面から考えれば、極端に言えば、県が訴訟を受理するという制度が秦漢時代に確立して以降(9)、皇帝専制支配が及ぶ地域社会では、つねに「訴訟多発型紛争社会」的な状況が出現してもおかしくない状況にあったと言える。しかし、所謂「健訟」が顕著に認識されるようになったのは、宋代に経済が発展してからである。本書の内容から言えば、少なくとも江東信州の鉱山や江西デルタ地帯、江西河谷平野地帯の農業社会などでは、訴訟制度のもとで宋代に「競合的社会状態」を伴いながら経済・産業が発達したことが、「訴訟多発型紛争社会」的な状況の出現の条件になっていたことが分かる。つまり、(州県主体の)訴訟制度と経済・産業に関する「競合的社会状態」(より根源的に言えば、経済・産業に関して非協調的かつ争奪的な利益追求を行うという人々の気質・心性）という二つの条件がそろってはじめて「訴訟多発型紛争社会」的な状況が出現するという仕組みになっていたと言える（逆に、「競合的社会状態」がみられないところでは、同じ訴訟制度の下でも「訴訟多発型紛争社会」的な状況は出現しなかった、つまり、「訟簡」状態となっていたと思われるが、この点についての検証作業は今後の課題としたい）。この二つの条件がそろわなければ、「訴訟多発型紛争社会」的な状況は出現しなかったため、宋代の明州沿海部や明代江西の山間地のように、政府の影響力が弱体化して、（州県主体の）訴訟制度が十分に機能しにくい状況下では、「訴訟多発型紛争社会」的というよりは「武力抗争型紛争社会」的になる傾向が強くなっていた。つまり、伝統中国の社会秩序は、二つの条件のあり方の違いにより「多様な姿」をみせていたことが指摘できる。また、人口増加との関連については、本書では詳しく検証しなかったが、江西の吉安府で清代初期に人口が減少したのに「健訟」が認識されていたこと[10]などを考えると、人口の増加以前にこの地で「競合的社会状態」が醸成されていたこと、言い換えれば、「競合的社会状態」を伴う開発が進んでいたことが、「訴訟多発型紛争社会」的な状況の出現に大きな影響を与えていたと考えられる。詳しい検証が必要であるが、仕組みとしては、こうした訴訟が多発しやすい土壌があるところで人口が増加した結果、より「訴訟多発型紛争社会」的な傾向が強まったのではないかと思われる。

ところで、清代にも江西では「訴訟多発型紛争社会」的な状況がつづいていたようであるが、その一方で以前の時代とは違った状況も出現していた。例えば、明代末期以降、中国各地で自律的な秩序づくりを目指す郷約がつくられ、この郷約が紛争の調停もするようになったとされるが[11]、江西でも明代中期には「南贛郷約」が創始されていた（第五章参照）。また、中国各地で宗族（父系の同族ネットワーク）が盛んにつくられて、福建などでは宗族同士の武力抗争（「械闘」）もみられたが（第一章参照）、江西でも宗族が盛んにつくられるようになり[12]、「械闘」もみられた。

例えば、『清稗類鈔』第五冊、風俗類、楽平械闘の項には清代の饒州府楽平県の気風について、「楽平は江西に属している。人々は皆敏捷かつ勇猛で、ささいなことで、互いに一党を集め「械闘」をしており、（そうした状況は）東南の二つの郷が最も激しい。この地では風習で、一般に男子が一人生まれると、十斤か二十斤の鉄を宗祠に献上して、武器の製造費にあてることになっている。……ゆえに宗族が強大なほど、武器や巨砲も多い」（楽平属江西。人皆慓悍、輒以鶏豚細故、各糾党以械闘、而東南両郷為尤甚。其俗、凡産一男丁、須献鉄十斤或二十斤於宗祠、為製造軍械之用。……以故族愈強者、則軍械巨砲愈多）と書かれている。饒州が宋代に「健訟」の地とされていたことから考えると、清代になって宗族勢力が拡大したことにより、「武力抗争型紛争社会」的な状況がみられたようである。このように清代の江西では、「訴訟多発型紛争社会」的な状況がつづくなか、郷約や宗族といった在地社会で生まれたさまざまな人的結合やその結果生まれた組織が紛争の発生や解決に色々な役割を果たすような状況が展開していたようである(13)。以上のことから言えば、清代の江西における社会秩序について、郷約や宗族勢力の影響を含めて、さらに具体的に検証する必要があると言える。

なお、序言で触れた近世（江戸時代の）日本の地域社会は、「社会秩序の理念的類型」から考えると、村の利害調整能力が高かったことや村による請負統治が行われていたことなどにより、「在地主導型安定社会」的傾向が強い社会であった（つまり、上記のような「訴訟多発型紛争社会」的傾向の強い伝統中国の社会とはやはり社会秩序の仕組みがかなり違っていた）ように思われるが、この点も今後さらに検証してみる必要があると思われる。そうした意味で、今後、近世日本だけではなく、朝鮮王朝の社会秩序などとの比較検討も行う必要があると思われる。これらの検証作業は今後の課題としたい。

註

（1）以下の文献等参照。草野靖『中国近世の寄生地主制―田面田底慣行』（汲古書院、一九九六年）。施民「清代贛南的租佃制初探」『贛南師範学院学報』一九九五―五）。寺田浩明「田面田底慣行の法的性格―概念的な分析を中心として―」（『東洋文化研究所紀要』九三、一九八三年）。同「清代土地法秩序における「慣行」の構造」（『東洋史研究』四八―二、一九八九年）。

（2）山本英史「健訟の認識と実態―清初の江西吉安府の場合―」（『宋―清代の法と地域社会』、財団法人東洋文庫、二〇〇六年所収）、本書第五章の註（30）掲載道光『瑞金県志』巻一六、雑志、兵寇の記事等参照。

（3）中島楽章『明代郷村の紛争と秩序―徽州文書を史料として―』（汲古書院、二〇〇二年）等参照。中島氏は、前掲書の結語の中で、「全体として、十六世紀以降の老人・里甲制の動揺にともなう郷村の紛争処理・秩序維持システムの動揺は、おおむね十八世紀初頭までには、ひとまず社会全般の流動化に対応しうる、比較的安定的な枠組みに落ち着いていったと思われるのである。総じて清朝政府は、家や宗族から国家に至る重層的な秩序（紛争）構造の中で、明初政権のように特定のレヴェル、具体的には郷村＝老人・里甲・糧長を、中心的な社会編成と秩序化の場として位置づける政策をとらなかった」と述べている。

（4）夫馬進「明清時代の訟師と訴訟制度」（『中国近世の法制と社会』、京都大学人文科学研究所、一九九三年所収）、同「訟師秘本『蕭曹遺筆』の出現」（『史林』七七―二、一九九四年）、同「訟師秘本の世界」（『明末清初の社会と文化』、京都大学人文科学研究所、一九九六年所収）。

（5）前掲山本「健訟の認識と実態」。

（6）前掲夫馬「明清時代の訟師と訴訟制度」。

（7）前掲山本「健訟の認識と実態」。

（8）前掲山本「健訟の認識と実態」。

（9）刑事訴訟についてではあるが、籾山明『中国古代訴訟制度の研究』（京都大学学術出版会、二〇〇六年）終章「司法経験の再分配」には、「刑事訴訟は原則として発覚地点の県廷において裁かれた。県に属する下級役人、具体的には獄吏（獄史）と呼ばれる書記官こそが、最末端で司法を担う主体であった」とある。

（10）前掲山本「健訟の認識と実態」。

（11）寺田浩明「明清法秩序における「約」の性格」（『アジアから考える〔4〕社会と国家』、東京大学出版会、一九九四年所収）等参照。

なお、三木聰氏は、『明清福建農村社会の研究』（北海道大学図書刊行会、二〇〇二年）第三部、附篇「明代里老人制の再検討」の中で、里老人制解体後、郷約・保甲制が成立したが、それは裁判権・刑罰権を有するものではなく、その紛争処理では調解が重視されていたと述べている。

（12）施由明『明清江西社会経済』（江西人民出版社、二〇〇五年）第三章、二「以宗族為基本結構単位的農村社会結構」、黄志繁『「賊」「民」之間：一二―一八世紀贛南地域社会』（生活・読書・新知三聯書店、二〇〇六年）等参照。

（13）龔汝富「浅議中国伝統社会民間法律知識形成路径―従江西地方法律文献来分析」（『江西財経大学学報』二〇〇六―五）等参照。

なお、清代徽州府における紛争解決について、熊遠報氏は、『清代徽州地域社会史研究』（汲古書院、二〇〇三年）第二部、第三章「村の紛争・訴訟とその解決」の中で、「郷村における多様な社会矛盾と多発する紛争・訴訟に対して個人、血縁、地縁組織、官府は、秩序を回復するために、相互補完的な網状構造を呈し、それぞれの役割を果たしていた」と述べている。

付録　書評　柳田節子著『宋代庶民の女たち』

本書の著者柳田節子氏は、宋朝の専制支配・郷村社会や社会経済史の研究に関して数多くのすぐれた業績を残されている学界の第一人者であり、中国史とりわけ宋代史を研究する者にとって、氏の業績に学ぶところはあまりに多い。しかし一方で、氏は、宋代の女性に関する研究を語る上でも、草分け的な研究者として広く知られている。そうした氏が、「節烈や隷従といった固定観念からいったんはなれて、庶民の女たちの、別のありように少しでも」近づくこと、また、「そのような女たちと、宋朝専制支配との接点」をさぐること、そして、「彼女たちが生きた場―郷村社会に対し、宋朝専制権力がどのように向き合っていたか、人民支配のあり方について」（二頁）考えてみることを主な目的として、自身の年来の業績をまとめられたのが本書である。近年、宋代社会における女性のあり方に関する議論が活発化しているが、本書に収められている論文は、そうした議論に大きな影響を与えたものばかりである。また、宋代の社会秩序のあり方についても、学界では、共同体の有無などに関してさまざまな議論がなされてきたが、そうした問題を考えるうえでも、本書における指摘には学ぶところが大きい。本書の構成は以下のとおりである（①～⑬の番号は便宜上つけ加えた）。

まえがき。一、宋代庶民の女たち。①「宋代女子の財産権」。②「宋代裁判における女性の訴訟」。③「宋代における義絶と離婚・再嫁」。④「宋代の女戸」。⑤「元代女子の財産継承」。⑥書評：永田三枝「南宋期における女性の財産権について」。⑦書評：高橋芳郎「親を亡くした女たち」。⑧書評：合山究「節婦烈女論」。⑨書評：キャスリン・バーンハート「中国史上の女子財産権」。⑩書評：游恵遠『宋代民婦的角色与地位』。⑪「趙翼と女性史」。二、宋代郷村社会と専制支配。⑫「宋代郷原体例考」。⑬「宋代の父老」。あとがき。

以下、評者が浅学菲才なため適切な考察になっていない点も多いとは思われるが、本書の内容（主に①～⑤、⑫、⑬）に関して感じたこと、さらに知りたいと思った点について述べてみたい。

一、宋代庶民の女たち。南宋時代の裁判関係文書集である『名公書判清明集』に見られる所謂「女子分法」が、女子の財産継承権を意味するのか、しないのか、という問題は、宋代の女性像に関わる重大な問題として多くの研究者の関心を呼び、論争が行われてきた。「女子分法（女子財産権）」論争と呼ばれるこの論争は、周知のように滋賀秀三・仁井田陞両氏により始められた（論争の動向の詳細は拙稿『『清明集』と宋代史研究」『中国―社会と文化』一八、二〇〇三年参照）。仁井田氏が、女子にも「祭祀と無関係な財産継承」が行われていたと考えるのに対して、滋賀氏は、承継という相続様式は、財産の包括継承と祭祀義務とが不可分に結びついており、父を祀る資格をもたない未婚女子は承継系列の外におかれていたと考え、「女子分法」は「慣習から遊離した」「異質的な」ものであったとした。こうした滋賀氏の見解に疑問を投げかけ、論争が再燃する契機となった重要な論文が①「宋代女子の財産権」である。この中で氏は、「南宋期、戸絶財産は、法規定に従って配分率が定められ、養子（命継）と共に、在室・帰宗・出嫁女等に女承分として配分された」と考え、また、「かかる法規定は、書判者の在任地から考えても、南宋江南地方にかなり広範にわたって通用していた」とし、それを「一定の女子財産権として積極的にみて行きたい」（二四頁）と結論づけられた。そこには、原理から一旦離れ、社会の実態から問題をとらえ直そうとする視点が窺える。ただ、そうした「女子分法」がどのような背景のもとで出現したのかということについては、明確には述べられていない。氏は、書評（⑥、

⑦、⑨）の中で、国家の視点から解釈する永田三枝氏や高橋芳郎氏の見解を批判しつつ、各地域の状況との関係に注目したベティンヌ・バージ氏や青木敦氏の見解に注目されるが、まだ、未解明の部分も多く、今後さらに社会状況に即した分析を進める必要があるように思われる。

つづく②「宋代裁判における女性の訴訟」では、さらに女たちの実像に迫り、「したたかな、決して諦めない女たち」が「自ら訴え主となって訴訟を起こし、妾婢が主人や主人の一族を、妻が夫を、母が子を、嫁が姑を、姑が嫁を訴え、嫂叔相争い、宗室・士大夫の女たちも官を相手取って訴えを起こした」（五七頁）とされる。そして、「官僚たちは、女たちのさまざまな訴えを受け入れ、曲直にもとづき、情・理にかなった書判を下すことによって、王朝秩序の維持安定を支える役割を果たしていた」、「専制権力とは、現実においてはすぐれて柔軟であった」（五八頁）と述べておられる。女たちの自己主張に「柔軟」に対応することにより王朝秩序の維持が図られていたのではないか、とする指摘は社会秩序のあり方を考えるうえで重要な指摘であると思われる。

そしてさらに女性がおかれていた実状を知るために、③「宋代における義絶と離婚・再嫁」では、離婚の理由となる「義絶」について考察し、「夫妻は義によって合するものであり、義を失えば義絶を犯したことになり、離婚となったが、これは妻だけに求められたわけではない」（七三頁）とされ、「義絶律は、夫と妻の間に、大きな格差があったが……夫・妻双方に対する規制であった」（六七頁）と述べておられる。また、④「宋代の女戸」では、女性の財産所有に関する王朝の対応について考察し、「女戸とは、田土をはじめとする財産所有者であり、政府はこれを主戸として掌握し、戸等の中に位置づけ、両税をはじめとする諸賦課を課し」（七七頁）ていたとされる。これらの内容は、宋朝の体制や社会の諸相も、女性の影響力を踏まえて検討する必要があることを、改めて私たちに教えてくれるものである。

なお、中国伝統社会における女性のあり方について明らかにするためには、こうした宋代のあり方がその後どう展開したのか、という点について検証する必要がある。この問題については、⑤「元代女子の財産継承」で、元朝においては、「女子の財産継承は、基本的に宋制を引きついだ」(一一三頁)とされ、①「宋代女子の財産権」で、「明清期に到り女子の財産権に低下現象があらわれたのではないであろうか」(二五頁)と推測されている。

二、宋代郷村社会と専制支配。以下では、女性たちが生きた場である郷村社会と専制支配のあり方について考察が行われる。⑫「宋代郷原体例考」では、宋代の史料に見える「郷原体例」について考察され、それは、「各地域郷村における地理的自然的諸条件の相異、土地の生産力の格差等にもとづき、年月をかけて成立してきた各郷村の慣習、慣行」(一八七頁)であるとされる。なお、こうした郷村の慣行と専制支配の関係については、以下の⑬「宋代の父老」で、「宋朝専制支配の形成とは、民間に既存の組織・慣習などを上から吸い上げて行く過程と見ることも出来る」(二一六頁)と述べておられる。郷村社会にはさまざまな慣行が存在していたとする指摘は、ともすれば一律的に宋代社会を理解しがちな私たちにとって重要な指摘であると思われる。

つづく⑬「宋代の父老」では、宋代の史料に見られる父老が、「自分の居住する郷村の田土・水利・丁産・戸口など、農民の状況や動向を熟知し、農業再生産に関わっていた。農業に深くかかわる祈雨・祈晴にも民間信仰を背景として、率先して指導的役割を果たし、民衆の支持を受けていた」(二一〇頁)ことから、「在地郷村社会における共同体的関係の中にあって、民衆の支持を受け、指導力と統率力をもつ長老知識人」(二一七頁)であったと指摘される。そもそも中国伝統社会の郷村社会に共同体があったのかなかったのか、という問題は、従来からさまざまに論じられてきた。また、宋代の郷村社会では、江西を中心に「健訟」と言われるような、訴訟が頻発する社会状況が出現しており、近年学界では、どうしてこのような社会状況が出現したのか、という問題に関する議論が活発化している。氏の指摘は、こうした問題を考えるうえで、非常に興味深い内容である。宋代における社会秩序に関する研究が未だ十分とは言えない現状から言えば、今後、こうした面の研究を進展させる必要があるように思われる。

しかし、父老と郷村社会の関係に関しては、さらに知りたい点もある。共同体の存在を考える場合、郷村社会で発生した紛争が、その郷村社会の内部でどれだけ処理されていたのか、という点が重要になってくる。そうした点から父老の存在を考えた時、父老が郷村社会の紛争にどのように対処していたのか、という点についても考えてみる必要があるように思われる。これは、明代の里老人（老人）制がどうして成立したのか、という問題とも関連した問題でもある。本書には、郷村で起きた紛争に関する事例も紹介されているので見てみると、例えば、婺州蘭渓県で起きた田中の境界争いに関する訴訟については、「永年に亙る訴訟は、父老の現地に根ざした知識に基づいて、ようやく決着がついた」（一九九頁）と書かれている。ここで訴訟に判断を下しているのは父老ではなく、地方官（県尉）である。また、「（合淝県主簿が）長年決着のつかない田訟について、父老に質したが分からなかった」（二〇三頁）とも書かれている。つまり、父老は「自分の居住する郷村の田土・水利・丁産・戸口など、農民の状況や動向を熟知」（二一〇頁）していたにもかかわらず、あげられている史料から判断する限り、郷村社会の紛争解決にはあまり指導力を発揮できていなかったようにも思われる。氏が、別の箇所で「地主の大土地経営、佃戸支配の中にまで、公権力が介入していたこと」（一八七頁）について述べておられるが、父老の指導力にも何らかの限界があったと考えればよいのであろうか。こうした点からみれば、父老と郷村社会の関係については、各地域の状況に即して、さらに検証したうえで、その性格について考察してみる必要があるように思われる。

また、父老は、「在地郷村社会における共同体的関係の中にあって、民衆の支持を受け、指導力と統率力」（二一七頁）をもっていたとされるが、⑫「宋代郷原体例考」では、「地主層は、有力戸として、佃戸だけではなく周辺農民に対して一定の支配力を有し、政府公権力は、かかる地主層を掌握し、地主層が郷村内において、小農民に対して有する影響力を媒介として郷村支配を実現して行こうとした」（一八八頁）とも書かれている。地主層が「周辺農民に対して一定の支配力を有し」ていた、とする指摘も、社会秩序と関わる重要な指摘であると思われるが、では彼らと父老はどのような関係にあったのか。そもそも父老と呼ばれた人々は如何なる理由で父老と呼ばれるようになったのか。また、かりに父老が「農民の状況や動向を熟知」していたことがその理由であるとすれば、彼らはどうやってそれらのことを熟知できたのか。これらの点についても、さらに知りたいように思われる。

さらに、こうした郷村社会に関する内容を踏まえたうえで、「一、宋代庶民の女たち」所掲の論文の内容について考えた場合、知りたい事柄もある。それは、「したたかな、決して諦めない女たち」（五七頁）が、「在地郷村社会における共同体的関係」（二一七頁）と具体的にどのような関係にあったのか、ということである。それは、「女子分法」の出現を促すような慣行がどのようにして形成されたのか、という問題にも関連していると考えられる。氏のご教示を賜りたいようにも思われる。

以上、はなはだ雑駁で要を得ていない内容ではあるが、本書の内容に関してさらに知りたいと思った点などについて述べさせて頂いた。女性が大きな影響力をもつ、また、多様な自律的な慣行をもつ郷村社会により宋代社会が構成され、宋朝の専制支配は、そうした郷村社会の実情に「柔軟」に対応することにより維持されていた、という本書における指摘は、私たちが宋代社会を考える上で留意すべき点であると思われる。こうした指摘を念頭におきながら、私たちは、宋代社会（中国伝統社会）を考えていく必要があると言えよう。評者の理解能力・事実認識の未熟さによる誤解も当然多いと思われる。柳田先生および読者の方々のご批正ご教示をお願い致すことにしたい。

（汲古書院、二〇〇三年五月刊、四六判、二二二頁、三〇〇〇円）

【追記】本書評に対しては柳田先生より生前私信にて丁寧なご教示を賜った。本来公表を前提としていないものなので、ここに掲載することは適切ではないと思われたが、先生がお亡くなりになっておられること、内容の重要さなどを考え、ご遺族のご了解を得て、関連部分を掲載させて頂くこととした（ご快諾頂いたご遺族に、厚く御礼申し上げます）。以下、原文より。

「共同体につきましては、いわゆる厳密な用語としての「共同体」ではなく、私は敢えて「共同体的関係」と言っております。例えば、郷村において、水利の問題など、人と人との関係、むすびつきなしには、再生産が成立ち得ない。そんな関係を、私は「共同体的関係」という語を用いております。父老につきましても、これも史料を読んでいて、事実関係として浮かび上って来たものです」「父老の出自は恐らく、郷村の地主層で、「知識人」であったろうと考えます。郷村には周藤（吉之―引用者）さんの研究で明らかにされておりますように、胥吏と結託して、あくなき大土地所有の拡大をはかる「郷曲に武断する」豪民層が存在しますが、自作農・自小作農なども広範に存在し、そのような状況の中で、挙げましたように、史料には胥吏と対峙する存在として、父老が屢々出て参ります。父老が居住する郷村の状況を知り得たのは書きました通りです。裁判権はありませんが、土地争いなど紛争の解決にかかわったりしており、巨視的には、明代の里老人につながるのではないかと予測しております」。

（二〇〇四年十月六日）

あとがき

「伝統中国における法（訴訟）と社会秩序」という本書のテーマに私が関心をもつようになったきっかけは、上智大学の大澤正昭先生の大学院ゼミと先生が主催する清明集研究会に参加させて頂き、南宋時代の裁判関係文書集である『清明集』を読むようになってからである。清明研では、『清明集』の訳注作業に携わらせて頂きながら、大澤先生はじめ、戸田裕司・石川重雄・佐藤明・兼田信一郎ほかの諸先生方、佐々木愛・小島浩之・金子由紀・中林広一・今泉牧子ほかの諸氏より、色々とご教示を賜った。こうして『清明集』を読んでゆくうちに、そのなかに書かれている「健訟」という訴訟好きの社会風潮というものに興味をもつようになり、この事象を糸口に宋代社会について考えてみたいと思うようになった。そうした動機のもと書き上げた論文が、①「宋代信州の鉱業と「健訟」問題」（『史学雑誌』一一〇—一〇、二〇〇一年）と②「宋代饒州の農業・陶瓷器業と「健訟」問題」（『上智史学』四六、二〇〇一年）である。そして、以上の論文などを基礎として、博士学位論文『宋～明代江西地域における紛争・訴訟と社会秩序―産業と「健訟」の関係を中心に―』（東京大学大学院総合文化研究科、二〇〇三年）を執筆した。審査を担当して頂いた並木頼寿（指導教官）・岸本美緒・安富歩・黒住眞・三谷博の各先生方には、お忙しいなか、さまざまな角度から丁寧なご指導を賜った。また、小島毅先生にも、大学院在学中より、色々とお世話頂き、また、論文を書く上での心得などについてご教示して頂いた。その後、上記の研究をさらに発展させて、③「宋代長江中下流域における農業と訴訟」

（宋代史研究会編『宋代の長江流域―社会経済史の視点から―（宋代史研究会研究報告第八集）』、汲古書院、二〇〇六年所収）を執筆した。執筆するにあたっては、編集委員の久保田和男先生にお世話になり、また、その内容を、中国社会文化学会の二〇〇四年度大会で発表させて頂き、広島大学の岡元司先生より貴重なコメントを頂戴した。なお、岡先生には、この件以外でも色々とお世話頂いた。

ところで、そもそも私が伝統中国の社会というものに興味をいだくようになったのは、思い起こせば、高校生時代より、『儒林外史』『浮世六記』『紅楼夢』『聊斎志異』『陶庵夢憶』など伝統中国の社会に関わる書籍を好んで読んでいたことが影響しているような気がする。その後、上記の研究活動に従事し始め、また、中国人の友人・知人と交流する中で、「日本社会のあり方・日本人の行動様式とはかなり違う性格をもつ中国社会のあり方・中国人の行動様式」というものが気になるようになっていった。さらに大学や都立高校などで東洋史や中国語に関連した授業を担当したりするなかで、中国社会のあり方や中国人の行動様式について理解を深めることが、中国との関わりが深くなっている現代日本では必要になっているにもかかわらず、研究・教育ともにその作業があまり進んでいないことを実感するようになった。そして、そのためには、現代中国の社会だけではなく、現代中国の社会が形成された歴史的背景や伝統中国の社会について理解する作業も必要であることを改めて感じるようになった。また、その伝統中国の社会を理解するためには、『清明集』の舞台である宋代社会のあり方だけではなく清代までの社会のあり方について考察することが必要であると考えるようになっていった。

ちょうどこうしたことを考えていた時に、幸運にも財団法人東洋文庫の「前近代中国の法と社会」研究チーム（統括・愛知大学の大島立子先生）へのお誘いがあり、その活動に参加させて頂くことになった。チームの研究テーマが、「宋代から清代の法と社会について考える」ということであったので、主に宋代史を勉強してきた自分の学力だけでは、なかなか研究作業が進めにくい元代から明清時代に関する研究方法について勉強させて頂くよい機会となった。そうした恵まれた環境のなかで書かせて頂いたのが、④「明代江西における開発と法秩序」(大島立子編『宋—清代の法と地域社会』、財団法人東洋文庫、二〇〇六年所収)である。この論文を執筆するにあたっては、研究チームのメンバーの大澤・大島・岸本・寺田浩明・濱島敦俊・柳田節子・山本英史の各先生方より色々とご指導を賜った。また、この間、⑤「書評:柳田節子『宋代庶民の女たち』」(『歴史学研究』七九三、二〇〇四年)を書かせて頂き、柳田先生より直接さまざまな貴重なご教示(本書付録追記参照)を頂いたことも幸運であった。さらに同時期には、文部科学省・科学研究補助金・特定領域研究「東アジアの海域交流と日本伝統文化の形成—寧波を焦点とする学際的創生—」(略称:寧波プロジェクト・にんぷろ、代表・小島毅先生)の法文化班(「中国の法文化の特質、変化、および地域的差異に関する研究」)(代表・大阪大学の青木敦先生)にもお誘い頂いた。二〇〇六年に台湾で開催された班主催の講演会(「宋代法文化研討会in台北」)では、本書第四章のもととなる内容について報告させて頂いた。また、班の活動を通して、班員の青木・上杉和彦・王瑞来・津田芳郎・劉馨珺の各先生方より様々なご教示を賜った。日本史に関する知識も含め、幅広い知見を得ることができたのは、以上のプロジェクトに参加させて頂いたお蔭であると思っている。

本書は、以上のような経緯で書かれた拙稿やシンポジウムでの報告などをもとにまとめたものである。まとめるにあたっては、①~④の拙稿の内容についても、新たな考察知見も加えて、再検討再構成を大幅に行った。そのため、上記の拙稿に関わる章の内容も上記の拙稿とはかなり異なっている部分が多い。読者の方々には、できれば上記の拙稿を参照される際には、本書の内容もあわせてお読み頂ければ幸いである。本書をまとめる段階でも、多くの方々にお世話頂いた。岸本先生には、激務でご多忙のなか、度々、本当に拙い本書の草稿に目を通して頂き、そのつど丁寧なご指導を賜った。また、大澤・戸田両先生のご配慮のもと、清明研でも、本書の内容に関する検討の場を用意して頂き、参加者の方々から有意義なご教示を賜った。特に大澤ゼミの大学院生の杉浦廣子・楽満かおり・上悠紀の各氏には、検討会の下準備をして頂くなど格別なご協力を頂いた。また、原稿印刷の段階では、野本敬・赤羽目匡由両氏にご協力頂いた。こうした方々のご助力がなければ本書はできなかった。さらに折に触れて、大島・青木・熊遠報・祁建民・呉暁林の各先生方からも、本書の刊行について度々ご激励を賜った。その他にも、特に名前は記さないが、多くの先生方からご教示を頂き、また、周囲の人々には色々と迷惑や心配をかけたにもかかわらず、逆に多くの激励・支援をしてもらった。色々な点で未熟な私が「細く長い」道のりを経て、どうにか本書を刊行することができたのは、こうした方々のお蔭であると思っている。改めて厚く御礼申し上げます。

本書の内容に少しでも新しい知見が書かれているとすれば、それは上記の方々より頂いたご教示のお蔭であり、不勉強な点があるとすれば、それはそうしたご教示を生かせなかった私の責任であると、読者の方々にはご理解頂きたい。また、本来このような著書をまとめるのは、色々な意味で、もう少しじっくり研究者としての修練を積んでからの方がよいのではという思いもあったが、あえて今回刊行に踏み切ったのは、今後研究を進めるにあたって、多くの方々からの更なるご教示が必要であると感じたからである。読者の方々のご指導を賜れれば幸甚である。なお、本書を刊行するにあたっては、汲古書院の石坂叡志氏、小林詔子氏に大変お世話頂いた。汲古書院の格別なご配慮とご協力がなければ本書は日の目をみることはなかった。また、本書に関連した研究作業を進める際には、寧波プロジェクト（法文化班）とトヨタ財団研究助成よりご支援を賜った。心より御礼申し上げます。

二〇〇九年三月

小川　快之

著者紹介

小川　快之（おがわ　よしゆき）

1968年、東京都に生まれる。2003年、東京大学大学院総合文化研究科地域文化研究専攻博士課程修了。博士（学術）。

現在、国士舘大学・千葉大学非常勤講師。法政大学兼任講師。

著書：『宋－清代の法と地域社会』（共著、財団法人東洋文庫、2006年)。『宋代の長江流域――社会経済史の視点から――』（共著、汲古書院、2006年）。

伝統中国の法と秩序
――地域社会の視点から――

平成二十一年三月二十四日　発行

著　者　小川快之
発行者　石坂叡志
印　刷　モリモト印刷

発行所　汲古書院
〒102-0072 東京都千代田区飯田橋二-五-四
電　話　〇三（三二六五）九七六四
FAX　〇三（三二二二）一八四五

ISBN978-4-7629-2854-3　C3022

KYUKO-SHOIN, Co., Ltd. Tokyo

索　　引

事項索引

研究者名索引

③欧米

传统中国的法与秩序——从地域社会的视点

小川 快之

一、传统中国的“健讼”与本书的研究动机

在传统中国社会（自宋至清）曾出现过所谓“健讼”的社会风潮。这种现象尤以江西为甚。例如，黄榦在《勉斋集》卷六《复江西漕杨通老》中称:“大抵江西健讼成风，砍一坟木，则以发冢诉。男女争竞，则以强奸诉。指道旁病死之人为被杀，指夜半穿窬之人为强盗。如此之类，不一而足”。《明宪宗实绿》卷五十六《成化四（1468）年七月辛酉》条有“巡按江西监察御史赵敔言。……切见江西小民俗尚健讼。有司官吏稍不顺其情者，动辄捏词告害”的记载。这些情况与日本江户时代的地域社会（所谓“村”）状况，特别是纠纷处理的状况不大一样。笔者认为这种“健讼”是应该是传统中国社会秩序独自的特色。所以，本书特别重视对传统中国社会的“健讼”现象的研究，希望从对这一想象的研究中抽出传统中国的社会秩序特征。

实际上，关于传统中国社会“健讼”的研究不少。例如，强调人口增加与“健讼”相关的研究；强调土地买卖的活跃与“健讼”相关的论点、等等。但是，有关引起诉讼繁兴的具体结构方面的研究，还存在着很多未曾重视的地方。特别是有关自宋至清江西地方“健讼”的社会背景的很多方面并没有得到研究。为了深入探讨这些问题，本书设定了四个社会秩序理念的类型。这四个理念的类型是“诉讼繁兴型纠纷社会”、“武力斗争型纠纷社会”、“政府指导型安定社会”、“地方势力指导型安定社会”。本书希望使用这些类型来把握传统中国社会秩序的实态。具

体地研究对象是分析自宋至明江西・浙西・浙东的和产业・交易的相关情况。

二、宋代矿山与农业社会的“竞争性社会状态”

在所谓“唐宋变革”以后，宋代的农业与矿业等得到了长足发展，剩余农作物大量流入市场出售，货币经济比较发达，海上交易更为活跃。但是，支撑这种经济发展的农业与矿业处于一种“竞争性社会状态”。“竞争性社会状态”是人们缺乏利害调整，互相激烈争夺，充满竞争的不安定社会状态。宋代江东信州的矿山（铅山场），在政府实施了“召募”制与“承买”制以后，很多富民承包了矿山。在承包体制下，富民间利害冲突激烈，互相争讼日益增多。因此，这种状况可以被看成是一种“竞争性社会状态”，其现象即为诉讼繁兴。

在宋代江西与江东饶州的“三角洲”地带，流动性比较高的“三角洲”型农业比较盛行，人们互相间争夺谷物，政府奖励告发偷税行为，形成了“竞争性社会状态”。“竞争性社会状态”和“政府主体的诉讼处理体制”、“政府奖励告发不正行为（告讦）”互相作用的结果，在宋代江东信州矿山和江西与江东饶州的“三角洲”地带的农业社会里，出现了所谓“诉讼繁兴型纠纷社会”的局面。

这样的状况在江西河谷平原型农业盛行地区的农业社会中也比较常见。在这些地方，有关于水利设施的纠纷和围绕谷物买卖的纠纷时常发生。这些地方的农业社会虽然有所谓“父老”体制，但是他们的纠纷处理能力比较小，所以纠纷增多，诉讼频繁。这种现象不仅仅在江西有，其他地方也存在。从有关论文和相关史料的记载中可以看出，浙西“三角洲”地带和浙东“河谷平野”地带的农业社会也有相同的现象。

三、宋代沿海地方的社会秩序演变

“诉讼繁兴型纠纷社会”的状况似乎最早是从明州（庆元府）沿海地方（砂岸）出现的。这一地区因宋代海上交易的活跃，带动了经济发展。明州地区随着海上交易的发达，在沿海地方出现了以富民主导的所谓“砂主”势力，这些势力在地方社会兴风作浪，导致争讼繁兴。当地有所谓“税场”、在政府影响力量比较强大的时候，富民间发生各种争讼，另外，富民对“海民”“恣行刻剥”，也引发多种纠纷。因此，出现了所谓“诉讼繁兴型纠纷社会”的状况。在没有“税场”、政府影响力相对弱小的时候，“砂主”势力不受政府权力的影响，常常成为“盗寇”，因而在这里出现了所谓的“盗贼出没之区”，导致了“武力斗争型纠纷社会”的状况。因此笔者认为传统中国的社会秩序状况是随着政府的影响力量的变化而变化的。

四、明代江西的开发与社会秩序的变化

上述状况在明代有了新的变化。政府实施了“里老”裁判制度。政府给“父老”民事纠纷的处理权力。在这种“里老”体制下，形成了所谓“地方势力指导型安定社会”的状况。但是，同时也有所谓“政府指导型安定社会”的性质。在明代前期，江西“河谷平野”地带的谷物产生还比较沉滞。在这样的情况下，“邑士”领导乡人兴建水利设施（陂塘），在这一带“协调性社会状态”的倾向比较强，出现了所谓“地方势力指导型安定社会”的状况。但是，明代中期以后，谷物产生逐渐繁盛，田价上升，经济得到较大发展。这一时期，富民开始进行土地兼并。所以，“竞争性社会状态” 的倾向逐渐增强。在这样的情况下，诉讼频繁，出现了所谓“诉讼繁兴型纠纷社会”的状态。江西的“三角洲”地带的农业社会在明代后期，出现了诉讼繁盛的情况。

江西“山区”地带，明代的情况与“河谷平野”地带的农业社会不

太一样。在这些地方，明代中期以后，“山区开发”盛行，政府的影响力量相对降低，出现了所谓“土贼”等地方势力、以及类似“武力斗争型纠纷社会”的状态。但是，到了明代后期，开始有一些变化。政府着手扫荡“土贼”等地方势力，政府的影响力量在这一带逐渐增强。在此以后，这一地区“诉讼繁兴型纠纷社会”的倾向逐渐加强。

五、本书的分析的总结和今后的课题

行文至此，笔者认为宋代经济（产业）以“竞争性社会状态”的方式发展起来，出现了所谓“诉讼繁兴型纠纷社会”的状况。但是如果政府影响力量较低的时候，又变化为所谓“武力斗争型纠纷社会”的状况（例如，没有“税场”的宋代明州沿海地方等等）。总而言之，可以说，如果存在以州县官府为主体的诉讼制度和有关经济（产业）的“竞争性社会状态”这两种社会条件，就会出现所谓“诉讼繁兴型纠纷社会”的局面。随着两个社会条件的状况的变化，传统中国的社会秩序也随之出现变化。有时候，会出现所谓“诉讼繁兴型纠纷社会”的情况，有时候，会出现所谓“武力斗争型纠纷社会”的情况。笔者认为，凡有“竞争性社会状态”的地域，如果人口增加，就会加剧所谓“诉讼繁兴型纠纷社会”的倾向。但是，相关的具体研究将留待今后。

从相关论文和史料的记载可以看出，清代江西也是所谓“诉讼繁兴型纠纷社会”。但是也存在所谓“械斗”（宗族互相斗争）的社会风尚，由此可以看出当地确实也存在“武力斗争型纠纷社会”的状况。探讨这两种状况的关系将是笔者今后的课题。